Regina Bestle-Körfer · Annemarie Stollenwerk

Sinneswerkstatt WinterWunderzeit

Lebendige Naturkunst mit Kindern rund um die geheimnisvolle Winter- und Weihnachtszeit

Ökotopia Verlag, Münster

Impressum

Autorinnen	Regina Bestle-Körfer und Annemarie Stollenwerk
Fotos	Regina Bestle-Körfer und Annemarie Stollenwerk
Projektleitung	Barbro Garenfeld
Cover-Gestaltung	Kerstin Heinlein
Layout	Felix Weigner
Satz	Hain-Team, Bad Zwischenahn
ISBN	978-3-86702-183-8

1. Auflage

Inhalt

Vorwort

Bei der Entstehung dieses Buches haben wir erfahren, wie kontrastreich der Winter ist. Bei extremer Kälte mit vielen Frost- und Schneetagen gab es in den letzten beiden Wintern für uns und die Kinder, die in diesem Buch zu sehen sind, in verschiedenen Projekten vielseitige und spannende Winterabenteuer zu erleben. Nach zahlreichen Aktionen im Freien haben wir die Wärme und Geborgenheit eines behaglichen Raumes immer besonders zu schätzen gewusst.
Und die stimmungsvollen Aktivitäten in der Advents- und Weihnachtszeit schufen einen gemütlichen Gegenpol zur kalten, manchmal rauen winterlichen Naturerfahrung.
Die besonderen Reize des Winters lassen sich in seinen Kontrasten erfahren, in einem regelmäßigen Wechsel von Ruhe und Bewegung, von Drinnen und Draußen, von Licht und Dunkelheit, von Wärme drinnen und erfrischender Kälte draußen. Uns hat der Winter zu frostigen Fotos und Gedichten inspiriert, seine karge Schönheit in der Natur fasziniert. Auch wenn die Farben im Winter eher zurückhaltend erscheinen und das Grau oft über Wochen vorherrscht, gibt es doch einiges zu entdecken, das sich erst beim zweiten Hinsehen erschließt: Tierspuren, verborgene Eisdrachen, Eisufos und Schneemonster, graue Wintergespenster und vieles mehr.

Für Kinder ist der Winter eng verknüpft mit weihnachtlichem Erleben, das die Sinne und das Spüren öffnet und intensive Gefühle erlebbar macht. In Spielen, kreativen Beschäftigungen und im Vorlesen winterlicher Geschichten wollen wir Kindern mit diesem Winterbuch einen Weg zu ihrer reichen Fantasiewelt eröffnen und ihre eigenen kreativen Ausdrucksmöglichkeiten hervorlocken. So wünschen wir allen LeserInnen dieses Buches spannende und erlebnisreiche Augenblicke in der WinterWunderzeit.

Regina Bestle-Körfer und
Annemarie Stollenwerk

Danksagung

Unser herzlicher Dank gilt der damaligen Klasse 2a an der Gemeinschaftsgrundschule Lierberg in Mülheim an der Ruhr und ihrer Lehrerin Silvia Albrecht. Durch ihre kreativen Ideen entstanden bei Kälte, Schnee und Eis viele schöne Fotos.
Außerdem danken wir dem Familienzentrum Sonnenblume der Lebenshilfe Neuss, insbesondere der Leiterin Frau Rienow-Eifert sowie Frau Nuber und Frau Diallo, desweiteren der katholischen Grundschule Noithausen, insbesondere der Rektorin Frau Becker, den Klassenlehrerinnen Frau Geißer und Frau Spengler und allen Kindern, die wir beim Spielen und kreativen Tun fotografieren durften.

Winterzeit

Ruhezeit

Im Winter zeigt sich die Natur von ihrer rauen, ungemütlichen Seite. Die Tage werden kürzer. Farben, Licht und Wärme sind mit den letzten bunten Herbstblättern verschwunden. Kalt, karg und grau ist es draußen. Ohne Farbe treten die Formen in der Natur besonders hervor: Bäume und Sträucher zeigen ihre individuellen, manchmal eigenwilligen Wuchsformen. Ihr Geäst wirkt vor dem Winterhimmel wie ein Scherenschnitt. An manchen Tagen verschwinden alle Konturen, wenn feuchter Nebel die Welt hinter grauen Schleiern verschwinden lässt. Pflanzen und Bäume legen eine Ruhepause ein und sammeln Kraft für neues Wachstum. Die Tiere haben für einen Wintervorrat gesorgt, ihr Winterfell angelegt und sich in ein geschütztes Versteck zurückgezogen. Einige halten Winterschlaf.

Rückzug

Auch die Menschen sind nun am liebsten drinnen und genießen die Geborgenheit und die Gemütlichkeit einer warmen Wohnung. Doch das fehlende Sonnenlicht in Verbindung mit dem Wintergrau macht häufig müde und antriebslos. Ursache ist das körpereigene Hormon Melatonin, das in der Zirbeldrüse, einem Teil des Zwischenhirns, gebildet wird. Mit Hilfe dieses Hormons versucht sich der Körper auf das fehlende Sonnenlicht einzustellen. Gegen die typische Müdigkeit helfen Spaziergänge an der frischen Luft. Denn auch wenn der Himmel bedeckt ist, nimmt der Körper draußen über die unbedeckten Hautbereiche im Gesicht und an den Händen Licht auf. Gleichzeitig erhält das Immunsystem im Winter einen kräftigen Kältereiz, der die Abwehrkräfte stärkt und vor Erkältungskrankheiten schützen kann.

Zeit der Geheimnisse

Mit dem Rückzug ins adventlich geschmückte Haus bei Kerzenschein und Tannenduft beginnt die Zeit der Winterträume. Kinder lieben diese Zeit der Überraschungen und Geheimnisse. Winterliche Basteleien, die Weihnachtsbäckerei, Spielen und Singen bei gedämpftem Licht, weihnachtliche Wesen wie Nikolaus, Engel und das Christkind, weihnachtliche Gerüche, Geschichten und Bräuche bereichern die Gefühlswelt und schenken Vertrauen und Geborgenheit. Alle schönen Erlebnisse drinnen und draußen machen den Winter zu einer unvergesslichen Jahreszeit, die Kinder in Erinnerungen ihr Leben lang speichern. Der Winter ist die Zeit der Besinnlichkeit und Stille, eine Erfahrung, die im schnelllebigen Alltagsrhythmus häufig zu kurz kommt. Kinder brauchen diese Zeit des Rückzugs ebenso wie erwachsene Menschen, um einen Zugang zu sich selbst und ihrer reichen inneren Gefühlswelt immer wieder zu entwickeln und zu beleben.

Ceyda ertastet ein Backförmchen

Ein Adventspäckchen für Jeanne

Lichterglanz

Zu Winterbeginn Ende Dezember, in der dunkelsten Zeit des Jahres, wird das Weihnachtsfest gefeiert. Jedes Jahr aufs Neue erstrahlen mit der einsetzenden Dunkelheit Lichterketten an Tannenbäumen und Fenstern, in Häusern und Straßen und vertreiben die winterliche Finsternis. Überall werden Kerzen angezündet, die eine behagliche Atmosphäre verbreiten. Lichterglanz und festliche Stimmung vertreiben die dunkle Seite des Winters und schenken Hoffnung auf das wiederkehrende Licht des Frühlings.

Weiße Winterwelt

Ein besonderes Wintererlebnis draußen erwarten viele Menschen sehnsüchtig, besonders in der Weihnachtszeit – Schnee, der die Welt in eine weiße, stille Landschaft verwandelt. Mit Schnee wird der Winter für Groß und Klein zu einer faszinierenden, belebenden Jahreszeit. Auch überzeugte Stubenhocker werden von der weißen Pracht nach draußen gelockt. Kinder können von Schnee und Eis oft gar nicht genug bekommen: Warm eingepackt erleben sie besondere Bewegungsabenteuer, z. B. über Eis und rutschige Schneebahnen schliddern, Schlitten fahren, einen Schneemann bauen, eine lustige Schneeballschlacht machen oder einen langen Spaziergang mit der Familie durch tiefen Schnee. An klaren, sonnigen Tagen leuchtet dazu ein blauer Winterhimmel in einer zauberhaften, frostig weißen Welt.

Amandeep baut einen Schneemann

Landart mit Schnee und Eis

Landart als eine Form des künstlerischen Ausdrucks in der Natur bietet im Winter eine sinnliche und intensive Begegnung mit Schnee und Eis. Reif, Eis und Schnee zaubern ein einmaliges, unvergleichliches Landschaftsbild und verschneite Flächen werden zu einer großen Leinwand für Naturkünstler. Sogar mitten in der Stadt, auf dem Außengelände des Kindergartens und der Schule oder im Garten entstehen bei Winterwetter Aktionsflächen, die von Kindern mit Begeisterung in Besitz genommen werden.

Schnee ist ein vielseitiger Baustoff. Er hat von sich aus keine Form und ist im Gebrauch absolut variabel. Die natürliche Ästhetik von Eis und Schnee regt die Fantasie an und inspiriert,

im Zusammenspiel mit anderem Wintermaterial wie Zapfen, Rinde, Ästen und Nadeln zu kreativem Schaffen und der Gestaltung ausdrucksstarker Kunstwerke. Diese Gebilde aus Eis und Schnee sind reine Naturkunst: flüchtig, leicht zerbrechlich, vergänglich und somit Winterkunst für den Augenblick. Der Winter zeigt seine Kraft und seine harten, ungemütlichen Seiten besonders deutlich, wenn die Finger beim Bauen und Legen fast erfrieren, wenn eisige Winde ein Legebild durcheinander wirbeln, wenn Sonnenstrahlen gebaute Schnee- und Eisobjekte schmelzen lassen oder wenn Regen den weißen Schnee in grauen Matsch verwandelt.

Erlebnisangebot: Winterwetter

Für Kinder ist das Wetter ein Erlebnisangebot an sich. Der besondere Reiz verschiedener Witterungsbedingungen im Winter wie Regen, Wind, Schnee, Kälte, Frost und Sonnenschein besteht für Kinder darin, dass sie hier unmittelbare, sinnliche Erfahrungen sammeln können. Draußen zu sein erleben Kinder als aufregendes Winterabenteuer. Gerade bei Schnee und Eis warten spannende Herausforderungen: z. B. Eis hacken, auch wenn die Hände dabei kalt werden und dringend in warme Handschuhe gesteckt werden müssen; ein rutschiger unebener Untergrund beim Laufen, Schliddern oder Schlittenfahren, der den Gleichgewichtssinn herausfordert; die Notwendigkeit in Bewegung zu bleiben, um die Wärmeproduktion des Körpers in Gang zu halten und unangenehm kalte Füße zu vermeiden.

Die Erfahrung in Projekten zeigt, dass Kinder sehr schnell ein Gespür dafür entwickeln, wie sie sich an Wintertemperaturen draußen anpassen können. Wichtigste Voraussetzung für Entdecker- und Spielfreude sind zweckmäßige, warme wasserfeste Kleidung und wasserfeste Schuhe mit kräftigem Profil. Auch dürfen Handschuhe und eine Kopfbedeckung nicht fehlen, denn sonst geht der größte Teil der Körperwärme über den Kopf verloren. Mit Unterstützung durch die Erwachsenen werden so wichtige, ganzheitliche Naturerfahrungen möglich.

Forschergeist und Fantasie

Ein Draußentag im Winter wartet nicht nur mit sinnlichen Reizen auf. Auch Gefühl, Fantasie und Denken werden vielseitig angeregt. Kinder geraten ins Staunen, wenn sie z. B. tanzenden Schneeflocken zusehen und erleben, wie aus ihnen innerhalb kurzer Zeit eine weiße Schneedecke wird. Sie freuen sich am Glitzern von Schnee und Eis im Sonnenlicht und entwickeln naturwissenschaftlichen Forschergeist: Warum ist der Schnee weiß? Wie entstehen Eiszapfen? Warum gefrieren Pfützen bei Kälte? Warum schmilzt ein Schneeball in der Hand? Die Vielzahl an Erfahrungen und Erlebnissen in der Winterwelt wecken neue Interessen und regen gleichzeitig wichtige Denk- und Lernprozesse an. Beim Spielen und Forschen draußen fasziniert Kinder besonders das Unvorhersehbare, die Variationsmöglichkeiten und die Freiräume in der Natur, die in reichem Maße vorhanden sind. Kinder lassen sich draußen automatisch von ihrer Begeisterung, Neugier und den Reizen der Umgebung zu Bewegung, Zusammenarbeit und kreativem Gestalten herausfordern.

Drinnen und Draußen

Der Winter lebt von der Spannung zwischen drinnen und draußen. Nach einem Morgen im warmen Raum wirkt eine Spielrunde draußen an der frischen Luft wahre Energiewunder: Beim Spielen und Herumtollen wird die Durchblutung angeregt, der Kopf wird frei, Atmung und Muskulatur werden gestärkt. Und nach ausgiebigem Spielen im Freien erleben die Kinder die wohlige Wärme des Raumes wieder als sehr angenehm und wohltuend. Unterstützt durch ein warmes Getränk kehren die erschöpften Lebensgeister schnell zurück und ein Gefühl behaglicher Entspannung macht sich breit. Somit wird der Winter zu einer Zeit intensiven Erlebens der Kontraste: Wärme – Kälte, Drinnen – Draußen, Entspannung – Bewegung, Müdigkeit – Frische, Dunkelheit – Lichterglanz.

Winterfarben

Rätsel

Ich kenne einen kalten Mann,
der Sonnenlicht verschlucken kann.
Um vier Uhr schimpfe ich, oh nein,
wie kann es nur so dunkel sein?

Vorbei die bunte Blätterpracht,
die uns Herr Herbst herbeigebracht.
Vorbei der warme Sonnenschein!
Wie kann es nur so frostig sein?

Sein Mantel ist aus Schnee gewebt,
sein Hut mit Eiszapfen beklebt.
Der Sturmwind wehte ihn ins Land.
Sag, ist dir dieser Mann bekannt?

Der Winter

Regina Bestle-Körfer

Zeit für weiße Träume

Anziehpuppen „Herr Herbst" und „Herr Winter"

Alter: ab 5 Jahre
Ort: drinnen
Material: Tonpapier in verschiedenen Farben, Stifte, Schere, Kleber, Watte, evtl. buntes Herbstlaub

- Die Kinder malen einen Körperumriss auf das Tonpapier.
- Daneben malen sie einen Herbst- und einen Wintermantel, nach Belieben auch einen Hut für beide Jahreszeiten.
- Jeder Mantel und jeder Hut bekommt beim Aufmalen – wie bei einer klassischen Anziehpuppe aus Papier – an verschiedenen Stellen Laschen, die nach dem Ausschneiden umgeknickt werden. Mit Hilfe der Laschen können Mäntel und Hüte an den Figuren leicht befestigt und ausgetauscht werden.
- Die Kinder schneiden alle Formen aus.
- Sie bekleben Mäntel und Hüte sowie ausgeschnittene Eiszapfen winterlich mit weißer Watte.
- Für „Herrn Herbst" bekleben sie Mantel und Hut mit buntem Herbstlaub.

Beim Vorlesen des Gedichts (➜ Rätsel) tauscht jedes Kind an seiner Figur den Herbstmantel gegen den Wintermantel aus.

Wintermalgeschichte

Ich male mir ein Winterbild
in Grau und Braun und Weiß.
Mein Pinsel friert und zittert schon
bei so viel Schnee und Eis.

Schneeflocken fallen leise,
bedecken Haus und Bäume.
Grau und Braun verschwinden nun,
Zeit für weiße Träume.

Nur der schwarze Rabe
durchkreuzt die weiße Ruh.
Er krächzt mit lauter Stimme,
doch niemand hört ihm zu.

Regina Bestle-Körfer

Schneelandschaft

Die Kinder erleben Farben mit Körpereinsatz. Bei dieser Maltechnik wird nicht klassisch mit Pinseln, sondern mit Schwämmen und Spachteln „gemalt“.

Alter: ab 3 Jahre
Ort: drinnen
Material: Schwämme, Acrylfarben, Papierbögen, Malkittel, evtl. Spachtel

- Die Spielleitung breitet große Papierbögen auf kleinen Tischen aus.
- An jeder Tischseite steht ein Kind und bekommt einen Schwamm.

Lennard und Tyler wischen mit dem Schwamm weiße Farbe

- Die Spielleitung tropft viele weiße Spritzer auf das Papier.
- Die Kinder verteilen sie mit ihrem Schwamm großflächig, bis eine weiße Schneelandschaft entsteht.
- Auf die weiße Winterlandschaft kleben die Kinder den gefalteten schwarzen Raben (Faltanleitung ➜ S. 18), wie in der „Wintermalgeschichte“ (➜ S. 16) erzählt wird.

Variante für ältere Kinder
Ältere Kinder „malen“ ihr winterweißes Bild, indem sie mit dem Spachtel die Farbe verteilen. Sie können auch zunächst mit einer Grundierung aus brauner und grauer Farbe beginnen und mit deckender weißer Acrylfarbe zum Schluss alles zuspachteln. Das Bild erhält dadurch eine deutlich sichtbare Landschaftsstruktur.

Schwarzer Rabe im weißen Schnee

Auf den Feldern sind im Winter häufig Saatkrähen und Dohlen aus Osteuropa zu sehen, die in Deutschland überwintern, bevor sie im Frühjahr wieder in ihre Heimatgebiete zurückfliegen. Rabenvögel legen Flugstrecken von höchstens 1000 km zurück. Übrigens: Die Alpendohle hat als einziger Rabenvogel einen gelben Schnabel, die Schnäbel der übrigen Raben sind grau-schwarz.

Alter: ab 5 Jahre
Ort: drinnen
Material: schwarzes Origami- oder Faltpapier, evtl. gelbes Papier, Schere, Kleber, Stift
Vorbereitung: Das Papier in Rechtecke schneiden und auf jedes Rechteck eine diagonale und eine waagerechte Linie stricheln (➜ Vorlage S. 18).

1. Das rechteckige schwarze Papier zuerst diagonal entlang der gestrichelten Linie, dann oben die waagerechte Linie falten.

Felix „malt“ mit einem Schwamm

2. Die obere Kante um das Dreieck nach hinten falten.
3. Die Kante noch einmal öffnen und Kleber auf den Falz auftragen, wieder falten und die bestrichenen Stellen zusammendrücken. Auch die kleine überstehende Ecke umbiegen und ankleben.
4. Ist der Kleber getrocknet, in die Öffnung der kleinen dreieckigen Tüte greifen, das Papier auseinanderdrücken und es neu falten, sodass die beiden alten Faltlinien übereinander liegen und ein Trapez entsteht.
5. Die obere Spitze nach unten knicken, so entsteht der Rabenkopf mit einem spitzen Schnabel.
6. Erneut in die Öffnung greifen und sie ausbeulen, um den Raben aufzustellen. Die untere Spitze nach oben knicken, das wird der Rabenschwanz. Dem Schnabel eine gelbe Spitze und über dem gelben Schnabel zwei weiße Augen aufkleben und schwarze Pupillen anmalen.

Fertig ist der Rabe!

Winterzauberbild

Was mit weißen Stiften auf weißem Papier gemalt wird, bleibt zunächst unsichtbar. Die Kinder werden über den Zaubereffekt dieser Maltechnik staunen.

Alter: ab 3 Jahre
Ort: drinnen
Material: weiße Wachsmal- oder Jaxonkreide, weiße Papierbögen, blaue oder graue Malfarbe, Pinsel, Wasserbecher, Malkittel

Die Kinder malen mit weißer Wachsmalkreide eine Winterlandschaft, einen Schneemann, Schneewolken oder Schneeflocken auf ein weißes Blatt Papier. Anschließend übermalen sie das komplette Bild mit einem Pinsel und blauer oder grauer Farbe. Dort, wo mit weißer Wachsmalkreide gemalt wurde, kann die blaue oder graue Farbe nicht haften, weil sie von der Wachsschicht abgestoßen wird. Wie durch Zauberei entsteht ein weiß-blauer oder weiß-grauer Kontrast und das weiß Gemalte kommt zum Vorschein.

Verpackungskünstler

Die Kinder werden winterliche „Verpackungskünstler", indem sie Naturmaterial in Papier verpacken und es mit weißer Farbe anmalen.

Alter: ab 3 Jahre
Ort: drinnen
Material: Naturmaterial (z. B. Zapfen, Fichtenzweige, Aststücke, Rinden, Steine), angerührter Kleister, Zeitungspapier, Pinsel, weiße Farbe, Goldbändchen, grüne Tannenzweige; evtl. 1 Karton, 1 weißes Tuch

Die Kinder streichen mit dem Pinsel oder reiben mit den Händen Naturmaterialien dick mit Kleister ein und bekleben sie mit Zeitungspapierschnipseln, bis vom ursprünglichen Naturmaterial nichts mehr zu sehen ist. Wenn das Objekt getrocknet ist, wird es mit weißer Farbe angemalt. Die verpackten weißen Wintergeheimnisse hängen die Kinder an einem Goldbändchen an einen grünen Tannenzweig.

Variante: Natur-Memory
Jedem weiß verpackten Naturmaterial wird ein Original zugeordnet und die Kinder spielen damit Natur-Memory: Die Originale werden in einen Karton, die verpackten Materialien auf ein weißes Tuch gelegt. Abwechselnd zieht jedes Kind ein Original aus dem Karton und legt es neben das verpackte Teil.

Lennard zeigt seine weiß bemalte Hand

Weiß – eine Winterfarbe

Die Farbe Weiß vermittelt Helligkeit und Licht, besonders im Winter, wenn die triste, graue Winterlandschaft mit viel Schnee bedeckt ist. Weiß stimmt friedlich, sanft und still. In einer weißen Schneelandschaft wirken auch die Alltagsgeräusche wie verschluckt. Weiß schafft Weite und Raum für Kontraste. Die endlosen Weiten eisig, weißer Polar- und Gletscherregionen dieser Erde wirken wie unberührte, einsame Landschaftsinseln in unendlichem Weiß.

Kleine Bärengeschichte

Ein brauner Bär tappt durch den Wald.
Der Wind, der Frost sind bitterkalt.
Vom Himmel fällt der erste Schnee
ganz zart und weich, es tut nicht weh.
Und Hokuspokus, blitzeschnell
hat der Bär ein Eisbärfell!

Annemarie Stollenwerk

Malaktion: Hokuspokus Zauberei

Alter: ab 3 Jahre
Ort: drinnen
Material: braunes Tonpapier, weißes Papier, alte Zahnbürste, Spritzsieb, Schere, Stift, blaue Wasserfarbe, Wasserbecher

- Die Kinder malen auf braunes Tonpapier einen Bärenumriss, schneiden ihn aus und legen ihn auf ein weißes Blatt Papier.
- Blaue Wasserfarbe wird möglichst dünnflüssig mit einer alten Zahnbürste aufgenommen und durch das Spritzsieb quer über das weiße Blatt mit dem braunen Bären gespritzt.
- Heben die Kinder den braunen Bären mit den blauen Spritzern vom Papier ab, ist Hokuspokus aus dem ursprünglichen Braunbär ein weißer Eisbär „gezaubert" worden.

Variante

Aus braunen Tonpapierhasen, rotbraunen Tonpapierfüchsen, braunen Tonpapiereulen können auch weiße Schneehasen, Polarfüchse und Schneeeulen „gezaubert" werden.

Eisbärenzauber

Gemeinsam „verzaubern" die Kinder einen Braunbär in einen Eisbär.

Alter: ab 3 Jahre
Ort: drinnen
Material: brauner Tonpapierbogen, Schere, Kleber, Filzstifte, Wattepads aus Biobaumwolle

- Die Spielleitung malt den Umriss eines Bären auf das braune Papier mit Bauch, Kopf und Ohren.
- Die Kinder schneiden den Bärenumriss mit der Schere aus und kleben vier Tatzen auf den Bärenkörper.
- Der Bär bekommt ein Bärengesicht gemalt.

Zauberspiel

Der Braunbär wird in die Kreismitte auf den Boden gelegt und jedes Kind bekommt einige Wattepads. Alle Kinder stehen im Kreis um den Bären herum und lassen es schneien. Sie lassen die Wattepads auf den Bären fallen, bis der Braunbär mit weißen Wattepads bedeckt ist und wie ein Eisbär aussieht. Gemeinsam sprechen die Kinder dazu die „Kleine Bärengeschichte" (➜ S. 20).

Graue Wintergespenster

Grau, Grau, Grau

Vor meinem Fenster sitzen graue Gespenster.
Sie mögen kein Rot, sie mögen kein Blau,
sie haben am liebsten ein matschiges Grau.
Im Nebel der frühen Morgenstunden
sind draußen alle Farben verschwunden.
Wohin ich auch schau:
nur Grau, Grau, Grau.
Ich fang an zu suchen
bei den Tannen und Buchen,
in den Sträuchern und Hecken.
Ob sie sich da verstecken?

Annemarie Stollenwerk

Wintergespenster

Die Kinder entdecken, wie Grau aus einer Mischung vieler Farben entsteht.

Alter: ab 3 Jahre
Ort: drinnen
Material: weißes Papier, Wasserfarben, Pinsel, Wasserbecher

Jedes Kind malt ein Gespenst in seiner Lieblingsfarbe auf ein weißes Papier. Dann übermalt es das Gespenst mit einer weiteren Farbe aus dem Wasserfarbmalkasten und danach mit noch einer Farbe – und beobachtet, was geschieht. Wie viele Farben werden benötigt, bis das Gespenst grau geworden ist?
Jedes Kind malt dem grauen Gespenst einen Freund dazu. Dann übermalen die Kinder mit einer anderen Farbe ihr zweites Gespenst so lange, bis es auch ein richtig graues Wintergespenst geworden ist.

Graue Winterverstecke

Wer findet die Gespenster im Wintergrau?

Alter: ab 3 Jahre
Ort: drinnen
Material: Schuhkarton, vorwiegend graue Steine, graues Papier, Schere, Stifte

In einem Schuhkarton bauen die Kinder eine Winterlandschaft aus grauen Steinen auf. Sie malen viele kleine Minigespenster mit Augen auf graues Papier und schneiden sie aus. Die Spielleitung versteckt die Gespenster im Schuhkarton zwischen den Steinen. Die Kinder suchen und zählen alle Gespenster.

Variante
Die Kinder verstecken die Gespenster selbst, an jedem Tag tut dies ein anderes Kind.

Winterversteck

Farbtupfer-Suchspiel

In einer verschneiten oder grauen Winterlandschaft ist es gar nicht so einfach, einen Farbtupfer zu finden. Wer hat Glück?

Alter: ab 3 Jahre
Ort: draußen im Garten, Park oder Wald
Material: Wolle in Rot, Grün, Gelb, Blau und Weiß, Schere

Bei einem Spaziergang durch eine graue oder weiße Winterlandschaft bekommen die Kinder folgenden Suchauftrag: „Sucht etwas in der Natur, das nicht grau oder braun ist und hängt einen Wollfaden in der entsprechenden Farbe dorthin." Die Kinder bilden Kleingruppen und suchen gemeinsam Farbtupfer: z. B. rote Hagebutten im Strauch, weiße Schneebeeren (auch als Knallerbsen bekannt) im Strauch, einen Ast mit einem Vogel mit rotem, gelbem oder blauem Gefieder, grünes Moos usw.

Grauer Schleiertanz

Wen der graue Schleier einhüllt, der erstarrt zu einem winterlichen Eiszapfen.

Alter: ab 3 Jahre
Ort: drinnen
Material: 1 graues Chiffontuch, Musik oder Handtrommel

Die Kinder gehen oder tanzen zu einer Musik oder zum rhythmischen Schlagen einer Handtrommel durch den Raum. Ein Kind hält ein graues Chiffontuch als Schleier in der Hand, lässt ihn kurz flattern und schweben und gibt ihn beim Tanzen an das nächste Kind weiter. Sobald die Spielleitung die Musik kurz aussetzt oder einmal laut auf die Trommel schlägt, bleiben alle Kinder sofort stehen und erstarren. Das Kind, das den grauen Schleier gerade in der Hand hält, bleibt starr und darf nicht weitertanzen – es scheidet aus. Das Tanzspiel wird so lange weitergespielt, bis ein Kind übrig bleibt, das noch nicht erstarrt ist. Dann beginnt der Schleiertanz von vorne.

Grau – eine Winterfarbe

Im Winter scheint die Sonne eher selten und graue Wolken bedecken den Himmel. Sie lassen nur wenig Sonnenlicht durch die dichte Wolkendecke hindurch. Es steht deutlich weniger helles Tageslicht zur Verfügung als in anderen Jahreszeiten und ohne Licht gibt es auch keine Farben. Im Winter wird es an manchen Tagen nicht richtig hell, das Grau beherrscht die dunklen Wintermonate. Grau vermittelt eine trübe Stimmung und wenn es im Winter tagelang graues Regenwetter gibt, macht es richtig schlechte Laune.

Hinweis zum Schleiertanz (→ S. 23)
Die Kinder müssen den grauen Schleier annehmen, wenn er ihnen gereicht wird. Wer den grauen Schleier fallen lässt oder nicht annimmt, scheidet vorzeitig aus. Die Spielleitung ist Schiedsrichter.

Grauer Nebelriese

Im dichten Nebel sieht die Welt wie verwandelt aus: Bäume, Sträucher, Hügel und Steine sind nicht mehr oder kaum zu sehen. Hat der Nebelriese sie verschluckt?

Alter: ab 3 Jahre
Ort: drinnen und draußen
Material: 1 graues oder weißes Bettlaken

Ein Kind spielt den Nebelriesen und läuft mit einem Bettlaken durch den Raum oder draußen durch den Garten. Es lässt einen bekannten Gegenstand – drinnen einen Tisch, Stuhl, eine Spielzeugkiste, draußen einen Strauch oder einen großen Stein – unter dem Bettlaken heimlich verschwinden, so dass die anderen Kinder ihn nicht sehen können. Dann machen sich alle auf den Weg und suchen. Wer zuerst rät, was der Nebelriese „verschluckt" hat, also was sich unter dem Betttuch befindet, ist in der nächsten Spielrunde der Nebelriese.

Nebel-Ratespiel

Backförmchen kommen nicht nur beim Backen zum Einsatz, sondern auch bei diesem lustigen Ratespiel, das die Kinder selbst entwickelt haben.

Alter: ab 3 Jahre
Ort: drinnen
Material: 1 weißes Bettlaken, 1 graues Tuch, 4 Backförmchen (Stern, Mond, Tannenbaum, Sternschnuppe), evtl. 1 weiteres Bettlaken

Die Spielleitung breitet ein weißes Bettlaken auf dem Boden aus und verteilt die vier Backförmchen darauf. Die Kinder prägen sich ein, was dort liegt, und schließen die Augen. Die Spielleitung verdeckt ein Teil mit dem grauen Tuch. Die Kinder raten, welches Teil vom „Nebel" verschluckt wurde. Wer es zuerst errät, darf in der nächsten Runde den Nebel spielen.

Variante
Beim Spiel mit einem zweiten Bettlaken wird es noch etwas geheimnisvoller. Die Förmchen liegen auf dem Bettlaken bereit, ein zweites Bettlaken wird darauf ausgebreitet und immer ein Kind krabbelt unter das obere Bettlaken und nimmt heimlich ein Teil weg. Das Bettlaken wird angehoben und die Kinder raten, welches Teil fehlt.

Das Märchen von den Winterfarben

Es war einmal vor sehr langer Zeit, da lebte eine böse Winterhexe in einem Hexenhaus im Wald. Jedes Jahr zu Winteranfang erwachte sie aus ihrem langen Schlaf, um noch am selben Tag einen grauen Winterhimmel und eine rabenschwarze Winternacht zu hexen. Die Winterhexe mochte keine bunten Farben. Sie liebte nur Grau und Schwarz. Die Farbe Weiß konnte die Winterhexe überhaupt nicht ertragen: Von weißen Schneeflocken zum Beispiel bekam sie Ausschlag – viele weiße Pünktchen übersäten dann ihr Gesicht und sie verkroch sich heulend im Kleiderschrank. Bei den Farben Blau, Gelb und Rot war es nicht viel besser. Sobald der Himmelsmaler einen blauen Winterhimmel malte, zeigten sich die juckenden weißen Pünktchen nicht im Gesicht, sondern auf ihrem Po. Und wenn die Wintersonne gelbe und rote Sonnenstrahlen schickte, war sie so geblendet, dass sie nichts mehr sehen konnte. Und so kam es, dass die Winterhexe beschloss, ihr Leid mit den Farben endgültig zu beenden: „Jetzt wird schwarz gehext!", schrie sie wütend, „schwarzer Schnee, schwarze Nacht, schwarze Wolken, schwarze Raben, schwarzer Tee, schwarzer Pfeffer, basta!"

Die Schneekönigin freute sich immer auf den Winter. Endlich war es wieder schön kalt. In ihrem Wolkenkissen hatte sie viele federweiche Schneeflocken gesammelt. Und schon bald würde sie das Fenster in ihrem Himmelsschloss öffnen und ihr geliebtes Schneeflockenspiel spielen. „Komm herein", rief sie ihrer besten Freundin, der Wintersonne, zu. Gemeinsam sahen sie hinunter zur Erde und ärgerten sich über die Winterhexe, die wieder einmal überall eintöniges Grau gehext hatte. „Immer will die Winterhexe sich durchsetzen. Sie gönnt uns keinen einzigen sonnigen Schneetag mehr", beklagte sich die Wintersonne. „Du hast Recht", stimmte die Schneekönigin zu. „Das ist ungerecht, wir wollen auch unseren Spaß am Winter haben. Wir müssen mit Hieronymus reden."

Der Himmelsmaler Hieronymus war gerade dabei, mit seinem blauen Himmelspinsel graue Wolken zu übermalen. Da sah er die Winterhexe, wie sie auf ihrem Hexenbesen zum Himmel geritten kam und sich hinter einer soeben gehexten schwarzen Gewitterwolke auf die Lauer legte. „Oh nein, die Winterhexe! Was hat die nun schon wieder vor?" Er musste dringend mit ihr reden! Doch was war das? Er vernahm ihr bösartiges Lachen und hörte sie kreischen: „Abrakadabra Rattendreck, Blau sei weg!" Er sah, wie sie mit ihrem Zauberstab wedelte. Auf einen Schlag hatte sie seine blauen Farbtöpfe und die blauen Pinsel pechschwarz gehext. Die Winterhexe lachte hämisch und sauste wie ein Blitz zurück zur Erde.

Schneekönigin und Wintersonne gaben sich große Mühe, ihren Freund Hieronymus zu trösten. Traurig sahen sie eine schwarze Wolke nach der anderen vor einem tief grauen Winterhimmel vorüberziehen. Die Wintersonne versuchte angestrengt, wenigstens ein paar helle Sonnenstrahlen durch die dichte schwarzgraue Wolkendecke zu schicken. „Du musst es noch einmal versuchen, komm streng dich an", feuerte die Schneekönigin ihre Freundin an. Aber im Winter waren ihre Strahlen einfach zu schwach.

Zum Glück gab es auf der Erde noch den Schattenriesen. Der gutmütige alte Riese verschlief die grauen Wintertage ohne Sonne einfach. Gerade hatte er ein paar schwache Sonnenstrahlen in seinen Riesenaugen gespürt und war kurz wach geworden. Doch als er sich aufrichtete, war es schon wieder vorbei und er schlief weiter … Die böse Winterhexe hatte ihren Spaß. Es lief alles nach Plan: kein blauer Himmel mehr, keine hellen Sonnenstrahlen, die sie blendeten, viele schwarze Gewitterwolken am grauen Winterhimmel und vor allem keine weißen Schneeflocken. Übermütig sauste sie auf ihrem Hexenbesen durch den Winterwald und schrie und kreischte vor lauter Übermut: „Rattendreck, Farben weg! Rattendreck, Farben weg!" Doch plötzlich prallte sie mit viel Schwung gegen den Bauch des Riesen und verlor das Bewusstsein. Der Schattenriese wunderte sich über die kleine wilde Gestalt, die nun vor seinen Füßen auf dem Boden lag. Vorsichtig hob er die Winterhexe auf und legte sie in seine große Hand.

„Komm, du schaffst es!", riefen Hieronymus und die Schneekönigin zusammen, um die Wintersonne anzuspornen. „Schau, die schwarzen Wolken lösen sich auf, auch das Grau wird immer dünner." Begeistert stellten sie fest, dass die Sonnenstrahlen ihren Weg zur Erde nun doch finden konnten. Sogar den Schattenriesen erkannten sie, wie er allmählich immer größer wurde. Was war mit der Winterhexe geschehen? War sie krank? „Und jetzt bist du dran, schnell lass es schneien!", riefen die Wintersonne und Hieronymus der Schneekönigin zu. Gut gelaunt lief die Schneekönigin in ihr Himmelsschloss, öffnete das Fenster und ließ viele weiße Glitzerflocken aus dem großen Wolkenkissen auf die Erde schweben.

Als die Winterhexe aus ihrer Ohnmacht erwachte, sah sie, dass weiße Schneeflocken ihr Gesicht bedeckten. Sie wurde kreidebleich vor Wut. Viele weiße Pünktchen begannen in ihrem Gesicht zu sprießen, und das Schlimmste war, sie juckten abscheulich. Der Schattenriese betrachtete lächelnd und voller Mitleid die wilde kleine Hexe mit den weißen Pünktchen im Gesicht. „Ich halte dich in meinem Schatten, da kannst du dich ein wenig erholen. Du magst doch schwarze Schatten, nicht wahr?", fragte der Schattenriese mit sanfter, tiefer Stimme. Die Winterhexe war dem Schattenriesen sehr dankbar, denn in seinem Schatten fühlte sie sich augenblicklich besser und die weißen Pünktchen im Gesicht wurden langsam blasser.

So kam es, dass die Winterhexe und der Schattenriese Freunde wurden. Die schwarzen langen Winterschatten fühlten sich so gut an, dass die Winterhexe die Sonnenstrahlen an manchen Tagen sogar herbeisehnte, um ihren Freund, den Schattenriesen zu treffen. Denn ohne Sonnenstrahlen hatte er keine Kraft und schlief die ganze Zeit. Wenn es auf der Erde manchmal weiß wurde, schützte sie der Schattenmantel des Riesen vor den Pünktchen. „Und was kann ich für dich tun?", fragte die Winterhexe eines Tages ihren neuen Freund. „Wann fühlst du dich so richtig wohl? Komm, sag es mir, ich kann Wünsche erfüllen, ich kann nämlich hexen." „Na, wenn das so ist, dann hexe bitte einen blauen Winterhimmel. Dann kann ich endlich mal wieder meinen blauen Schattenmantel anziehen. Den mag ich noch ein bisschen lieber als den schwarzen, besonders, wenn es geschneit hat und die Sonne scheint."
Die Winterhexe zögerte für einen winzigen Augenblick. Aber dann ging sie in ihr Hexenhaus und gab sich alle Mühe, den Zauberspruch zu finden, der die schwarz gehexten Farbtöpfe und Pinsel des Himmelsmalers wieder in Blau verwandelte. Sie nahm ihren Zauberstab und fest entschlossen sprach sie gut gelaunt: „Abrakadabra, Riesenglück, blaue Farbe komm zurück!" Seit diesem Tag wechseln sich die grauen Wintertage mit sonnigen, weiß glitzernden Schneetagen und einem strahlend blauen Himmel ab.

Regina Bestle-Körfer

Schattenforscher

Im Winter sind die Schatten der Bäume riesengroß. Meistens ist ihre Farbe grau-schwarz, doch an sonnigen Tagen im Schnee schimmern sie auch bläulich. Das liegt daran, dass das Streulicht der Atmosphäre vorwiegend bläulich erscheint und die Luft etwas Licht immer auch in jede Schattenzone lenkt. Dieser Effekt ist allerdings so schwach, dass man ihn nur bemerken kann, wenn die Oberfläche wirklich sehr weiß ist, wie dies etwa bei einer frischen Schneedecke der Fall ist.

Alter: ab 5 Jahre
Ort: draußen bei Sonnenschein
Material: Papier, Stifte, Maßband

Die Kinder gehen ins Freie und betrachten die Schatten der Bäume. Sie zeichnen ihre Form auf ein Blatt Papier, bestimmen die Farbe des Schattens und messen die Länge und Breite des Schattens. Sie wiederholen ihre Messung zu einer anderen Tageszeit. Wann ist der Schatten am längsten? Morgens, mittags oder abends?

Schattenfangen

Alter: ab 4 Jahre
Ort: draußen bei Sonnenschein

Die Kinder spielen im Freien Fangen. Im Schatten eines Baumes darf nicht gefangen werden. Der Fänger zählt, wenn Kinder im sicheren Baumschatten stehen, laut bis drei, dann müssen alle ihr sicheres Versteck wieder verlassen und weiterlaufen. Wer gefangen wird, ist der nächste Fänger.

Schattenkind

Ein Spiegelbild macht die gleichen Bewegungen wie sein Gegenüber. Genauso verhält es sich mit dem eigenen Schatten.

Alter: ab 4 Jahre
Ort: drinnen und draußen

Ein Kind spielt den Schatten, ein Partnerkind ist sein Gegenüber. Das Schattenkind ahmt jede Bewegung des vor ihm stehenden Kindes nach: Es steht z. B. auf einem Bein, breitet die Arme aus, tanzt usw. Das Kind, das die Bewegungen initiiert, macht diese sehr langsam, damit das Schattenkind es leichter hat. Danach werden die Rollen getauscht.

Immergrüne Tannen

Die Farbe Grün in der Advents- und Weihnachtszeit

Bereits seit Jahrhunderten ist es Brauch, in der Advents- und Weihnachtszeit das Haus mit grünen Zweigen zu schmücken. Zum ersten Advent werden grüne Kränze gebunden und bunt geschmückt. Und um die Heilige Nacht, die kurz nach der Wintersonnenwende (21. Dezember) am 24. Dezember gefeiert wird, werden immergrüne Tannenbäume ins Haus geholt. Die Symbolik der grünen Zweige deckt sich mit der Symbolik der Wintersonnenwende, weil sowohl das wieder zunehmende Licht, als auch die immergrünen Tannenzweige die Hoffnung auf den grünenden und blühenden Frühling wecken. Der Tannenbaum ist zum Sinnbild des Lebens geworden. In der christlichen Tradition symbolisiert Jesus – in der Gestalt des Kindes in der Krippe – das Licht der Welt und die damit verbundene Hoffnung auf Erlösung für alle Menschen.

Tannenbaumkarten

Erst wenn die Laubbäume ihre Blätter im Winter verloren haben, fällt die kräftige Farbe der immergrünen Nadelbäume in Garten und Wald so richtig auf. Grüne Tannenzweige und der Tannenbaum bringen Leben ins winterliche Grau und vermitteln Hoffnung auf den wiederkehrenden Frühling.

Alter: ab 3 Jahre
Ort: drinnen
Material: weißer Tonkarton, grünes Tonpapier, Korken, Farbe in Farbtöpfen, Stifte, Kleber, Wäscheleine

Jedes Kind malt einen Tannenbaumumriss auf ein Stück grünes Tonpapier, schneidet ihn aus und klebt ihn auf weißen Tonkarton. Die Kinder tauchen Korken in Farbtöpfe hinein und stempeln sie auf den Tannenbaum als bunte Christbaumkugeln. Die Tannenbaumkarten werden an eine Wäscheleine quer durch den Raum gehängt und zum Weihnachtsfest verschenkt.

Tannenbaum im Schnee

In einer verschneiten Winterlandschaft rücken Formen in den Vordergrund und Farben treten zurück. Die Wuchsform von Tannenbäumen erinnert an viele aufeinander gesetzte Dreiecke.

Alter: ab 4 Jahre
Ort: draußen im Schnee
Material: kleine Stöcke, Zapfen, weiße Schneeflächen

Die Kinder sammeln kleine Stöckchen. Auf eine unberührte Schneefläche legen sie mehrere Dreiecke aus kleinen Stöcken übereinander. Immer zwei Stöckchen müssen für eine Dreiecksform etwa gleich lang gebrochen werden, ein Stöckchen bleibt länger. Der Tannenbaum im Schnee erhält unten noch einen kleinen Baumstamm, auf dem er „steht".

Variante
Auch aus Zapfen können die Kinder Tannenbäume in den Schnee legen.

Mit Nadelzweigen drucken

Die immergrünen Nadeln der Nadelbäume entsprechen den Blättern der Laubbäume in einer robusten Form. Nadeln können auch bei schwachem Licht im Winter den grünen Blattfarbstoff herstellen.

Alter: ab 3 Jahre
Ort: drinnen
Material: grüne Fingerfarbe, goldene Farbe, Pinsel, Briefkarten oder feste Pappe, Nadelzweige, Anissterne, Kleber

Mit einem Pinsel oder den Fingern streichen die Kinder grüne Farbe auf kleine Nadelzweige und drucken sie auf feste Pappe oder auf Briefkarten. Wenn die Farbe getrocknet ist, schmücken die Kinder ihre gedruckten Nadelzweige mit einem Anisstern, den sie gold bemalen und aufkleben.

Bewegungsgeschichte: Der schönste Weihnachtsbaum von allen

In dieser Bewegungsgeschichte kommt die Farbe Grün immer wieder vor.

Alter: ab 5 Jahre
Ort: drinnen oder draußen

Die Kinder stehen im Kreis und fassen sich an den Händen. Die Spielleitung liest die Geschichte vor oder erzählt sie mit eigenen Worten. Immer wenn die Kinder das Wort „Grün" hören, gehen sie in die Hocke. Hören sie die Geschichte draußen in der Kälte, wird ihnen von der Bewegung richtig warm.

*Der Förster **Grün**delwald liebt **grüne** Fichten über alles. Er mag nicht nur ihre **grüne** Farbe, er liebt vor allem ihren würzigen Duft. „**Grüne** Fichten sind die wahren Weihnachtsbäume", findet Förster **Grün**delwald, auch wenn die **grünen** Nadeln der Fichte piksen und im warmen Zimmer schneller ihr **grünes Kleid** abwerfen, als die **grünen** Nadeln anderer Nadelbäume.*
*Es ist der 24. Dezember und Förster **Grün**delwald sucht im **grünen** Tannenwäldchen für seine Familie noch schnell den schönsten **grünen** Weihnachtsbaum von allen: eine **grüne,** weihnachtlich duftende Fichte. Es ist früh dunkel geworden und Förster **Grün**delwald sieht im dunklen Wald nicht einmal mehr die Hand vor den eigenen Augen. Wie dumm, er hat seine Taschenlampe vergessen. Langsam tastet sich Förster **Grün**delwald von Baum zu Baum. „Ah, das muss eine Kiefer sein, mit ihren langen blau-**grünen** Nadeln." Das ist der falsche Baum. „Und da eine Nordmanntanne mit ihren dunkel-**grünen** weichen Nadeln." Auch falsch. Plötzlich weht ein weihnachtlicher Duft in seine Nase und Nadeln piken an seine tastenden Finger. „Das muss er sein, der schönste **grüne** Weihnachtsbaum von allen!", schwärmt Förster **Grün**delwald, sägt ihn ab und trägt ihn nach Hause.*
*Die Kinder von Förster **Grün**delwald müssen lachen, als sie ins Weihnachtszimmer kommen: In ihrem Zimmer steht kein **grüner** Weihnachtsbaum, sondern ein krummes **grünes** Weihnachtsmonster! Förster **Grün**delwald muss schlucken: „Ich hätte die Taschenlampe unbedingt mitnehmen sollen! Dann wäre das nicht passiert!" Doch trotz des **grünen** Weihnachtsmonsters wird es ein vergnüglicher Weihnachtsabend.*

Regina Bestle-Körfer

Eis und Schnee

Zu Eis gefroren

Frieren

Eis ist ein reizvolles Winterspielzeug. Kinder finden es überaus faszinierend, dass sich das sonst kaum zu fassende Wasser unter extremen Witterungsbedingungen in dickes, hartes, tragbares Eis verwandelt, mit dem man spielen und gestalten kann. Wasser friert auch in der Bewegung, z.B. an einem Bach, und bildet bizarre Formen und Kristalle.

Alter: ab 3 Jahre
Ort: draußen bei starkem Frost
Material: Gefäße in verschiedenen Größen (z.B. kleine Eimer, flache Schalen, alte Backbleche, Tabletts, Becher usw.)

Die Kinder füllen draußen bei Minusgraden Wasser in verschiedene Gefäße. Sie beobachten, wie Kälte und Frost das Wasser nach und nach vom flüssigen in einen festen Zustand verwandeln. Dabei bildet sich zunächst auf der Wasseroberfläche eine dünne eisige Schicht, die mit der Zeit immer dicker und fester wird. Bleiben die Temperaturen unter dem Gefrierpunkt, friert Wasser komplett zu Eis.

Wichtig
Beim Frieren können sich die Behälter verformen oder kaputt gehen, also nur alte verwenden!

Eisige Gebilde

Eiszapfen sind faszinierende und wunderschöne Gebilde. Bei sonnigem Winterwetter schmilzt Schnee z. B. auf verschneiten Dächern und rinnt langsam an den Rand des Daches. Sobald er als Wassertropfen herunterfällt und mit der eiskalten Luft in Berührung kommt, kühlt er schnell ab und wird zu Eis. Nach und nach frieren weitere Tropfen an dem kleinen Eisgebilde fest und ein Eiszapfen wächst in die Länge.

Alter: ab 5 Jahre
Ort: draußen bei starkem Frost
Material: verschiedene Materialien und Formen (z. B. Gefrierbeutel, Finger von Gummihandschuhen, längliche Luftballons, Stücke von Plastikschläuchen, kleine leere Milch- oder Saftkartons), Wäscheklammern, Wäscheleine, Baum- oder Astscheiben, dicke Steine oder Schneekugeln

Die Kinder experimentieren mit verschiedenen Materialien und Formen, in denen sie Wasser zu eisigen Gebilden und Kunstwerken gefrieren lassen. So befestigen sie z. B. mit Wäscheklammern die abgeschnittenen Finger von Gummihandschuhen an einer Wäscheleine, füllen sie mit Wasser und lassen sie zu dicken Eiszapfen gefrieren. Die gefrorenen Gebilde präsentieren die Kinder auf Baum- oder Astscheiben, auf dicken Steinen oder Schneekugeln.

Eisschmetterling

Eistiere

Gefrorene Eispfützen sind ihr Zuhause. Darin tummeln sich allerhand fantastische Eistiere, die sich oft erst auf den zweiten Blick dem Betrachter erschließen.

Alter: ab 3 Jahre
Ort: draußen bei starkem Frost

Die Kinder suchen auf einem Spaziergang gefrorene Pfützen und betrachten sie genau. Wer entdeckt zuerst ein Fantasietier und gibt ihm einen Namen, z. B. Eiswal, Eisfisch oder Eisschmetterling?

Eisgeschenke

Aus Backförmchen, einem Backblech und kleinen Naturschätzen entstehen bei frostigen Temperaturen winterliche Eisgeschenke.

Alter: ab 4 Jahre
Ort: draußen bei starkem Frost
Material: Backblech, Wasser, Backförmchen, Naturbast, Naturschätze (z. B. Schneckenhäuser, Steinchen, Tannennadeln, Blätter)

Ein tiefes Backblech wird mit Wasser randvoll gefüllt. Die Kinder binden um jedes Backförmchen ein Band aus Naturbast und legen es auf das Backblech. In jedes Backförmchen geben sie einen ihrer Naturschätze, z. B. ein kleines Schneckenhaus oder ein Steinchen, und stellen das Backblech nach draußen zum Frieren. Wenn das Wasser zu einem Eisblock gefroren ist, löst die Spielleitung die einzelnen Formen aus dem Eis heraus. Die Kinder hängen die entstandenen Eisgeschenke in einen Baum oder Strauch vor das Fenster.

Ein Eisgeschenk

Schmelzen

Steigen die Temperaturen über den Gefrierpunkt, wird starres Eis wieder flüssig.

Alter: ab 3 Jahre
Ort: draußen bei starkem Frost
Material: Eis aus Pfützen oder Eiswürfel aus dem Gefrierfach, Salz

- Die Kinder nehmen zunächst ein Stück Eis oder einen Eiswürfel in die Hand und beobachten, wie schnell er durch die Wärme der Hand schmilzt.
- In einem zweiten Schritt streuen sie Salz auf ein Stück Eis oder einen Eiswürfel: Das Salz lässt das Eis schneller schmelzen.

Wie kommt das?
Bei der Verbindung von Eis und Salz wird Energie in Form von Wärme (aus der Umgebung) frei und beschleunigt so das Schmelzen.

Eiskerzenhalter

Eisstücke lassen sich bei niedrigen Temperaturen zu kleinen, erstaunlich stabilen Objekten zusammenbauen.

Alter: ab 5 Jahre
Ort: draußen bei starkem Frost
Material: Eisstücke oder Eissplitter, Kerze oder Teelicht

Auf ebenem Untergrund stapeln die Kinder Eisstücke vorsichtig aufeinander. Um eine stabile Verbindung zwischen den einzelnen Stücken herzustellen, reicht es aus, mit den warmen Fingern das Eis ein wenig anzutauen. Bildet sich ein leichter Wasserfilm, setzen die Kinder das nächste Eisstück auf und drücken es für einen Augenblick fest. So entstehen bizarre, eisige Stapel, die z. B. als Kerzenhalter im Freien genutzt werden können. Mit einer Kerze oder einem Teelicht versehen verbreiten sie besonders in der Dunkelheit ein geheimnisvolles eisiges Licht.

Eisufos

Die geheimnisvollen Leuchtobjekte aus Eis erinnern an Ufos – unbekannte Flugobjekte aus dem All.

Alter: ab 5 Jahre
Ort: draußen bei starkem Frost
Material: 2 kleine Schüsseln in verschiedenen Größen, Wasser, Steine

Eiskerzenhalter | *Eisufo*

Der Eisdrache

In einem Land aus Schnee und Eis
da lebt der Drache Leuchtendweiß.
Hat eine harte Schuppenhaut,
sein Panzer ganz aus Eis gebaut
mit spitzen, großen Zackenecken
und damit will er dich erschrecken!

Doch eines mag er gar nicht, nein!
Er fürchtet sich vor Sonnenschein!
Schnell schmelzen seine Zackenecken,
kann keinen mehr damit erschrecken.
Und übrig bleibt ein nasser Wicht,
zerflossen dort im Sonnenlicht!

Annemarie Stollenwerk

Die Kinder füllen eine Schüssel zur Hälfte mit Wasser und setzen eine zweite Schüssel in die gefüllte. Damit sie nicht obenauf schwimmt, beschweren sie die zweite Schüssel mit Steinen. Dann heißt es warten, bis das Wasser in der unteren Schüssel gefroren ist. Vorsichtig lösen die Kinder mit Unterstützung der Spielleitung – und am besten unter lauwarmem Wasser – das Eis aus der Schüssel. Entstanden ist ein „Ufo“, das mit einem Teelicht beleuchtet, sehr außerirdisch aussieht.

Tipp

Viele solcher „Ufos“ verwandeln den Eingangsbereich oder eine Außenfensterbank in eine leuchtende Eislandschaft.

Eisdrachen bauen

Wie im Gedicht „Der Eisdrache“ beschrieben gestalten die Kinder aus Eisstücken einen Drachen.

Alter: ab 4 Jahre
Ort: draußen bei starkem Frost
Material: Eisstücke aus Pfützen oder selbst hergestellte Eisstücke, altes Backblech, Wasser, fester Stock, kleine Zapfen und Beeren

- Die Kinder zerschlagen mit einem Stock gefrorene Pfützen oder stellen selbst Eisplatten her. Dazu gießen sie Wasser auf ein altes Backblech und lassen es bei eisigen Temperaturen gefrieren.

- Aus den Eisstücken gestalten sie auf dem Boden oder auf einem Baumstamm einen Drachen. Körper, Beine und ein langer Schwanz werden aus Eisstücken gelegt.
- Zum Schluss geben sie dem Drachen noch Augen aus kleinen Zapfen oder Beeren.

Variante
Die Kinder gestalten im Sandkasten einen Drachenkörper mit Füßen, Kopf und Schwanz. Als Drachenschuppen stecken sie die Eisstücke in den Rücken des Drachenkörpers.

Eisflitschen

Eine glatte rutschige Eisfläche wird zum Spielbrett für lustige Spiele.

Alter: ab 4 Jahre
Ort: draußen bei starkem Frost, Außengelände mit ebenem Untergrund (z. B. Platten oder asphaltierten Flächen)
Material: Stöcke oder Seile, Sprühflasche, Wasser, kleine Steine, Zapfen oder Eiswürfel, kleine Fähnchen
Vorbereitung: einen dicken Stein oder Zapfen mit Farbe markieren; eine Ecke des Spielfeldes kennzeichnen

Die Spielleitung grenzt mit Seilen oder Stöcken auf ebenem Untergrund ein Spielfeld ein und besprüht es mit Wasser. Nach einiger Zeit bildet sich auf dem Spielfeld eine eisige Fläche, die die Kinder zum Spielen nutzen können.

Mit kleinen Steinen, Zapfen oder Eiswürfeln spielen sie Eisflitschen und versuchen den markierten Stein oder Zapfen in die gekennzeichnete Ecke des Spielfeldes zu schubsen.

Variante
Die Kinder malen mit einem wasserfesten Stift Kreise mit Zahlen auf die Eisfläche und flitschen ihren Spielstein dorthin. Die Punkte werden zusammengerechnet.

Vorsicht Glatteis!

Auch der Bewegungsraum verwandelt sich in eine rutschige Fläche, wenn die Kinder nur mit Socken dort herumlaufen.

Alter: ab 4 Jahre
Ort: drinnen im Bewegungsraum
Material: pro Kind 1 Paar Wollsocken (keine Stoppersocken!)

Die Kinder nutzen den glatten Boden des Raumes zum Schliddern. Sie probieren aus, wie langsam oder schnell sie sich bewegen müssen, um ins Gleiten und Rutschen zu kommen. Eventuell gibt die Spielleitung Hilfestellung und gleitet gemeinsam mit den Kindern. Auf „Glatteis" zu laufen ist eine gute Übung, um das Gleichgewicht zu schulen.

Achtung
Immer genügend Abstand zu den anderen Kindern halten!

Schneeflockenzauber

Schnee erleben

Wenn die Temperatur draußen unter 0 °C sinkt, bilden sich in den Wolken statt der Regentropfen Eiskristalle. Sie verkleben miteinander und fallen, wenn sie schwer genug geworden sind, als Schneeflocken zur Erde. Ist es sehr kalt, sind die Flocken eher klein. Ist es um die 0 °C, sind die Flocken groß und auch mit bloßem Auge gut in ihrer sechseckigen Form zu erkennen.

Alter: ab 3 Jahre
Ort: draußen bei Schneefall
Material: blauer Fotokarton

Schnee fühlen

- Die Kinder halten ihre Hände für einen Augenblick ohne Handschuhe in den fallenden Schnee. Sie fangen die Flocken auf und beobachten, was geschieht.
- Dann schließen sie die Augen und halten das Gesicht in die fallenden Flocken. Je nach Wind fühlen sich die Flocken zart und weich oder hart und prickelnd an.

Es schneit!

Leise fallen tausend Flocken,
bleiben auf den Bäumen hocken,
hüllen alles puderfein
in einen weißen Mantel ein.

Tannen tragen dicke Decken,
die das dunkle Grün verstecken.
Nadeln haben weiße Spitzen,
weil dort Schneekristalle sitzen.

Dicke Flocken niederwehen,
auch vom Gras ist nichts zu sehen.
Verschwunden wie von Zauberhand
im weißen Winter-Wunder-Land.

Immer neue Flocken fliegen,
wirbeln auf und bleiben liegen,
wunderschön und weich wie Wolle
aus den Betten von Frau Holle.

Annemarie Stollenwerk

Schnee sehen

- Die Kinder beobachten das Fallen der Schneeflocken: Stürzen sie schnell vom Himmel oder schweben sie langsam zu Boden? Was macht der Wind mit den Flocken?
- Die Kinder legen ein Stück blauen Karton auf den Boden und beobachten, wie das Blau langsam oder schnell unter dem Weiß verschwindet. Sie fangen einzelne Flocken mit einem Handschuh oder einem Stück Karton auf und betrachten die zarten Gebilde: Welche Form haben sie?

Schnee hören

- Die Kinder schließen die Augen. Hört man, wenn der Schnee fällt und den Boden oder die Bäume berührt? Verändern sich die Geräusche draußen, wenn es schneit?

Warum ist Schnee weiß?

Einem amerikanischen Forscher gelang es 1885 zum ersten Mal, einzelne Schneeflocken unter dem Mikroskop zu fotografieren. Beim Betrachten der Bilder stellte er fest, dass Schneeflocken aus kleinen Kristallen bestehen, die meist sechseckig angeordnet sind. Sie haben die Form von Sternen, Nadeln oder Plättchen. Jedes Kristall für sich ist durchsichtig wie Glas. Bricht sich das Sonnenlicht in einer Menge dieser Kristalle und wird von ihrer Oberfläche widergespiegelt (reflektiert), erscheinen sie für das menschliche Auge weiß.

Felix im Schneeflockentreiben

Federleichte Schneeflocken

In diesem ruhigen Spiel lernen die Kinder ihren unbändigen Bewegungsdrang zu dosieren.

Alter: ab 3 Jahre
Ort: drinnen
Material: Federn in verschiedenen Größen

Die Spielleitung legt Federn in die Kreismitte auf den Boden und zeigt, wie leicht eine Feder durch die Luft fliegt und zu Boden gleitet. Sie ist vergleichbar mit einer Schneeflocke, die langsam auf die Erde fällt. Die Kinder erhalten die Aufgabe, genau so langsam in die Hocke zu gehen oder sich auf den Boden zu setzen, wie die zu Boden schwebende Feder. Sie tun dies so lautlos wie eine Feder oder eine Schneeflocke.

Variante
Jedes Kind sucht sich verschiedene Federn aus und probiert den federleichten Schneeflockenflug alleine. Segelt eine Feder schneller zu Boden, wird auch die eigene Bewegung schneller. Am Ende führt jedes Kind seine Lieblingsfeder vor und zeigt, wie es mit der schwebenden Feder in die Hocke geht.

Schneegestöber

In ein Schneegestöber zu geraten, ist ein besonderes Naturerlebnis.

Alter: ab 5 Jahre
Ort: draußen im Schnee

Die Kinder stellen sich einander gegenüber in zwei langen Reihen auf. Zwischen den beiden Reihen bleibt ein Gang von etwa zwei bis

Aylin mit der schwebenden Feder

Linnea unter der Schneedusche

Schnee

Schnee ist nicht gleich Schnee. Da gibt es lockeren ***Pulverschnee****, der aussieht wie tausend kleine Sternchen, ganz leicht ist und, wenn er friert, zu* ***Harsch*** *wird. Bildet sich eine besonders dicke Schicht aus Harschschnee, nennt man das* ***Bruchharsch.*** ***Pappschnee*** *ist toll zum Schneemannbauen, er ist feucht und klebt gut zusammen. Sehr nassen, schweren Schnee nennt man* ***Sulzschnee.*** *Mit* ***Griesel*** *bezeichnet man groben, körnigen Schnee; er sieht ein bisschen wie feiner Hagel aus. Doch wenn die Temperaturen wieder deutlich über den Gefrierpunkt steigen, wird aus allen Schneearten nur eines:* ***Schneematsch****, auch* ***Faulschnee*** *genannt.*

drei Metern. Das erste Kind läuft zwischen den beiden Reihen hindurch, während die anderen Kinder Schnee hoch in die Luft werfen. Dabei wird das Kind ordentlich überpudert. Am Ende des Ganges stellt es sich in die Reihe und das nächste Kind kann ein Schneegestöber erleben.

Schneewörter erfinden

Die Kinder denken sich fantasievolle Worte zu den verschiedenen Schneearten aus.

Alter: ab 4 Jahre
Ort: drinnen oder draußen
Material: evtl. Schreibzeug

Die Kinder erfinden Wörter und Zungenbrecher zum Thema „Schnee“, z. B. *Knusperpuderzuckerschnee, Glitzerfunkelschnee, Mitschmatschpatschschnee, Federflaumschneeflocken, Engelsflügelflaumschneeflocken, Britzelbruzelpulverschnee, Wieselnieselgrieselschnee* oder *Pebbelpobbelpappschnee.* Immer ein Kind erfindet ein Schneewort und die anderen sprechen es nach.

Variante
Die Spielleitung schreibt die erfundenen Schneewörter auf. Dann werden sie in Bewegung umgesetzt:

- die Kinder klatschen die Schneewörter, alleine oder mit einem Gegenüber
- sie stampfen jedes Schneewort in einem gemeinsamen Rhythmus
- sie hüpfen die einzelnen Silben usw.

Schneeballschlacht drinnen

Im Winter können die Kinder mit zusammengeknülltem Zeitungspapier auch drinnen eine Schneeballschlacht machen und sich richtig austoben.

Alter: ab 4 Jahre
Ort: drinnen im Bewegungsraum
Material: Zeitungspapier, langes Seil, Stoppuhr

Alle Kinder knüllen Zeitungspapier zu „Schneebällen“ zusammen. Die Spielleitung legt ein langes Seil in die Mitte des Bewegungsraums als Trennlinie. Die Kinder bilden zwei Mannschaften und legen auf beide Seiten gleich viele „Schneebälle“. Auf ein Startkommando werfen die Kinder die Schneebälle ins gegnerische Feld. Die Spielleitung stoppt die Zeit. Nach zwei Minuten ist Pause und die Schneebälle in beiden Feldern werden gezählt. Die Mannschaft, die die meisten Schneebälle ins gegnerische Feld geworfen hat, gewinnt.

Bewegungsgeschichte:

Mucki und Purzel erleben ein Winterabenteuer

Die Spielleitung lädt die Kinder ein, mit Mucki und Purzel Ski zu fahren.

Alter: ab 3 Jahre
Ort: draußen oder drinnen

Es ist Winter geworden und zum ersten Mal in diesem Jahr hat es geschneit. Die kleinen Kaninchen Mucki und Purzel hoppeln aus dem Bau: „Was ist das denn für komisches, weißes Pulver?“, ruft Purzel. „Das ist Schnee“, sagt die Kaninchenmutter. „Er breitet im Winter oft eine weiße Decke über die Erde.“ Vorsichtig patschen die beiden mit den Pfoten in die leichte, weiße Schneeschicht. Sie ist kalt und nass! Da kommt plötzlich ein Junge auf merkwürdigen Brettern unter den Füßen vorbei gesaust. In den Händen hält er zwei Stöcke. Die stemmt er in den Boden und fährt mit großem Schwung den Berg hinunter. „Wie cool!“, sagt Mucki. „Das möchte ich auch mal probieren!“ Und schon hoppelt er den Berg hinauf. „Warte auf mich!“, ruft Purzel und hoppelt hinterher …

Die Kaninchen rutschen einen kleinen Hügel hinunter.	mit leicht gebeugten Knien stehen, Oberkörper etwas nach vorne schieben, mit den Beinen wippen
Sie fahren vorsichtig kleine Kurven nach rechts und nach links.	Gewicht in den Knien mal nach rechts, mal nach links verlagern
Mucki und Purzel werden mutiger, weil es so gut klappt, und fahren mal auf dem rechten, mal auf dem linken Bein.	mal das rechte, mal das linke Bein anheben
Jetzt wird der Weg ganz uneben. Die beiden müssen aufpassen, dass sie nicht hinfallen!	auf die Zehenspitzen stellen und die Knie ein wenig beugen, auf und ab wippen
Der Hang wird flacher. Mit den Vorderpfoten stoßen sich die beiden kräftig ab, um vorwärts zu kommen.	Arme mit Schwung von hinten nach vorne führen, als hätte man Stöcke in den Händen
Doch plötzlich wird es noch einmal steil und schnell: Mucki und Purzeln sausen auf eine Sprungschanze zu und springen ab.	in die Knie gehen und so hoch es geht springen
Sie fliegen hoch in die Luft und purzeln in den weichen Schnee. Das hat Spaß gemacht!	noch einmal hochspringen und sich dann auf den Boden fallen lassen

Abends sind die beiden sehr müde. Sie kuscheln sich im Kaninchenbau dicht aneinander und schlafen auf der Stelle ein. Die Kaninchenmutter schaut auf ihre beiden Skifahrer. Und sie muss lächeln, als sie sieht, wie im Schlaf die Pfoten von Mucki und Purzel zucken.

Zaubermaler Schnee

Schnee legt eine weiße Decke auf die Welt. Unter dieser Decke verschwinden Farben, Formen und Strukturen und verändern sich.

Alter: ab 4 Jahre
Ort: draußen bei Schnee
Material: Papierbögen DIN A3, Wasserfarben, Kieselsteine

Die Kinder malen auf die Papierbögen mit Wasserfarben großflächige Muster und Formen oder gegenständliche Winterbilder. Die Bilder werden beim nächsten Schneefall nach draußen gelegt und an den Ecken mit Kieselsteinen beschwert, damit sie nicht wegfliegen. Nach ein paar Stunden oder einem Tag holen die Kinder die Bilder wieder herein. Der Schnee hat am Bild weitergearbeitet: Farben und Formen haben sich verändert, durch den Schnee ist etwas Neues auf dem Papier entstanden.

Wärmender Schnee

Feldhasen lassen sich gerne einschneien, denn das weiße Schneepolster tarnt nicht nur vor möglichen Feinden, es schützt auch zuverlässig vor eisigem Winterwind.

Alter: ab 4 Jahre
Ort: draußen bei Schnee
Material: 2 Marmeladengläser, Wasser

An einem kalten Wintertag bei Minustemperaturen (evtl. mit den Kindern die Temperatur vom Thermometer ablesen) stellen die Kinder zwei mit Wasser gefüllte Marmeladengläser hinaus ins Freie. Ein Glas stellen sie ungeschützt in die Kälte. Um das zweite Glas herum bauen sie eine kleine schützende Schneehöhle. Die Kinder beobachten, was geschieht: Auf dem ungeschützten Glas bildet sich schon bald eine dünne Eisschicht. Das Glas in der Schneehöhle bleibt eisfrei. Die Luftpolster im Schnee bilden um das Glas herum eine wärmende Schicht und isolieren so gegen die eisige Kälte.

Achtung
Wenn das Marmeladenglas sehr lange in der Eiseskälte bleibt, kann es springen!

Heizspirale

Viele Tiere, die keinen Winterschlaf (➜ S. 56) halten, rücken bei Eis und Schnee eng zusammen, um sich gegenseitig zu wärmen. Die Pinguine in der Antarktis bilden z. B. eine kreisförmige Formation, um sich vor eisigem Wind und Schneestürmen zu schützen. Dabei tauschen sie auch ihre Plätze, denn im Inneren des Kreises ist es wärmer als außen. So bekommt jeder Pinguin die Gelegenheit, einmal an die wärmste Stelle im Kreis zu rücken.

Alter: ab 4 Jahre
Ort: draußen

Die Kinder bilden eine lange Reihe und fassen sich an den Händen. Das letzte Kind in der Reihe bleibt stehen. Die lange Kinderschlange geht im Kreis um dieses Kind herum und wickelt sich so langsam zur „Heizspirale" auf. Stehen alle Kinder dicht aneinander gerückt in der Heizspirale, spüren sie einen Augenblick der entstandenen Wärme nach. Vor allem die Kinder im Inneren der Spirale sind besonders gut vor Kälte und Wind geschützt. Dann rollt sich die Spirale langsam wieder auf. Die Kinder, die im Inneren der Spirale standen, rücken nun ans Ende der Reihe und eine neue Heizspirale rollt sich auf.

Schneebett: Stilleübung

Eine Schneedecke schützt Pflanzen und Tiere vor dem Erfrieren, denn sie besteht hauptsächlich aus Luftpolstern und nur zu zehn Prozent aus Wasser. Alle Zwischenräume zwischen den sechseckigen Schneekristallen sind mit Luft gefüllt. Diese Luftpolster wärmen und isolieren wie eine dicke Daunenjacke.

Alter: ab 5 Jahre
Ort: draußen bei Schnee
Material: Winterjacken mit Kapuze

Wer traut sich ins Schneebett zu steigen? Die Kinder bilden kleine Gruppen. Ein Kind setzt seine Kapuze auf und legt sich lang ausgestreckt auf den Rücken in den Schnee. Vorsichtig und ohne zu sprechen decken es die anderen Kinder nun mit Schnee zu.

Achtung
Das Gesicht muss frei bleiben! Unbedingt eine Kapuze aufsetzen, so kommt kein Schnee in den Nacken! Ist nur noch der Kopf zu sehen, schließt das

Julienne deckt Mara mit Schnee zu

Kind im Schneebett einen Moment die Augen. Es spürt nach, wie es sich unter der schützenden Schneeschicht fühlt. Anschließend strampelt es die Bettdecke aus Schnee weg.

Kleine Spurengeschichte im Schnee

Gehüpft, gehoppelt, getrippelt,
gepatscht, gematscht, gestampft,
getupft, getropft, getreten,
geschlichen, gesprungen, gerannt!
Welche Spur ist dir bekannt?
Wer ist hier gewesen?
Kannst du Schneespuren lesen?

Regina Bestle-Körfer

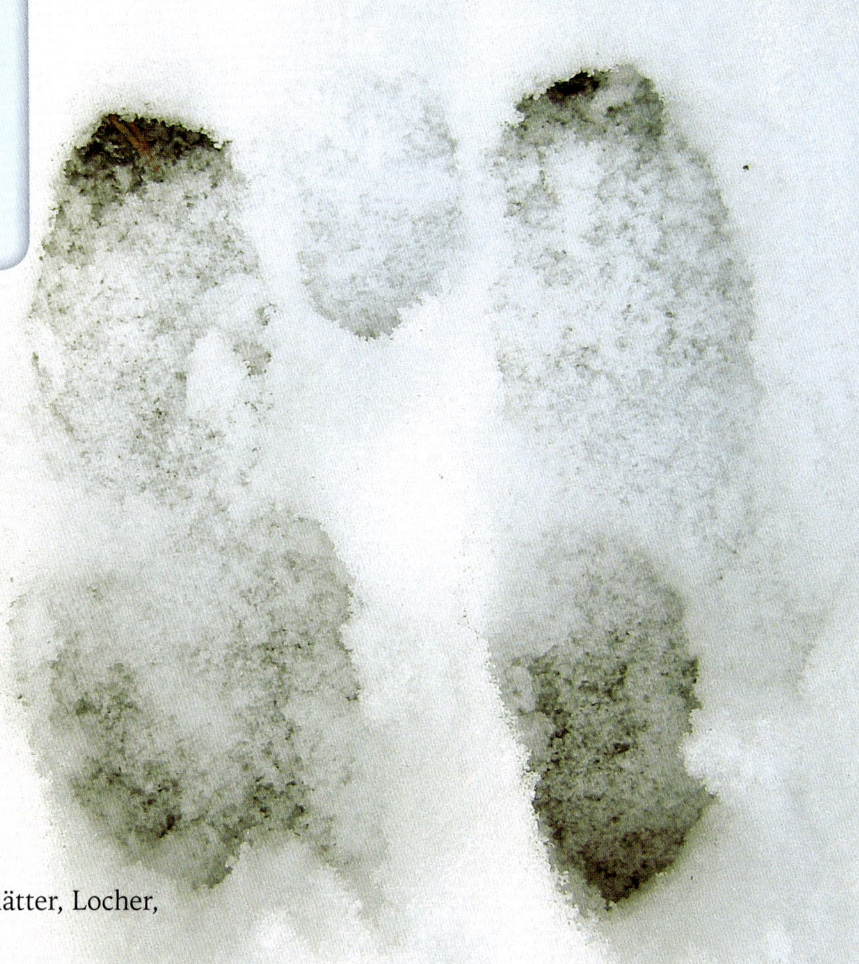

Spurengeschichtenbuch

Spuren im Schnee geben Rätsel auf: Welche Spuren können die Kinder finden? Trittspuren? Reifenspuren? Wassertropfen, die von Bäumen tropfen? Kleine Schlupflöcher, die in der Erde verschwinden?

Alter: ab 4 Jahre
Ort: draußen im Schnee
Material: Maßband, Lupe, Bleistifte, Buntstifte, weiße Blätter, Locher, Bändchen

Die Kinder gehen ausgerüstet mit Maßband, Lupe, Stiften und Papier hinaus in den Schnee und sammeln Spurenrätsel. Sie betrachten Spuren, vermessen ihre Länge und Breite und fertigen auf dem weißen Papier viele Spurenskizzen an, die sie drinnen zu einem Spurengeschichtenbuch ergänzen. Gemeinsam suchen die Kinder Lösungen für ihre aufgemalten Spuren: Ist es die Spur von einem Mensch oder einem Tier? Wie groß ist die Trittspur? Liegen die Trittspuren eng beieinander? Oder sind große Abstände dazwischen? Wer war langsam und wer war schnell unterwegs? Wo endet die Spur? Die Kinder überlegen sich Verursacher für die entstandenen Schneespuren und malen sie mit Buntstiften auf: Autos, Menschen, Tiere, Wassertropfen usw. Die Spielleitung locht jedes Spurenblatt und fügt alle mit einem Bändchen zu einem Spurengeschichtenbuch zusammen.

Spurenmalerei

Eine geschlossene Schneedecke ist wie eine große „Leinwand", die Kinder zum Malen und Gestalten einlädt.

Alter: ab 3 Jahre
Ort: draußen bei Schnee
Material: Stöcke

In den Schnee „malen" die Kinder mit einem Stock Muster, Formen oder Bilder.

Variante für Ältere
Wer schon schreiben kann, malt mit dem Stock einzelne Wörter oder kleine Botschaften in den Schnee. Zum Schluss bekommen die Bilder einen Rahmen aus Stöcken oder anderen Naturmaterialien und werden in einer kleinen Ausstellung präsentiert.

Schneegestampfe

Auch die Füße sind ein „Malgerät", das Kinder im Schnee gut einsetzen können. Mit ihnen stellt das Malen eine besondere Herausforderung an die „Schneekünstler" dar.

Alter: ab 5 Jahre
Ort: draußen bei Schnee
Material: große Fläche mit geschlossener Schneedecke

Auf Zuruf der Spielleitung stampfen die Kinder Formen wie einen Kreis, ein Dreieck, ein Quadrat oder Buchstaben und Zahlen in die große Schneefläche.

Schneeballkunst

Schneebälle von ganz klein bis riesengroß sind ein spannendes Baumaterial.

Alter: ab 4 Jahre
Ort: draußen bei Schnee
Material: evtl. kleine Gläser, Teelichter, Stabfeuerzeug

Schneebälle eignen sich für ganz unterschiedliche Winterkunstwerke:

- **Aufgespießt**
Die Kinder formen Schneebälle und stecken sie vorsichtig auf Astspitzen und Stöcke, klemmen sie zwischen Äste und Zweige oder stecken sie in Astlöcher- und Wurzelhöhlen.

- **Schneebär im Geäst**
Die Kinder formen einen Bärenkopf mit Ohren aus einer Schneekugel und stecken ihn auf einen dicken Ast. Er bekommt Augen aus kleinen Stein-

chen, einen Mund aus einem kurzen gebogenen Zweig und eventuell noch eine Nase aus Schnee.

- **Schneeballlabyrinth / Schneeballspirale**

Aus vielen Schneebällen gestalten die Kinder ein begehbares Labyrinth oder eine begehbare Spirale.

- **Riesenkugeln**

Gemeinsam rollen die Kinder Riesenkugeln und hieven sie in Astgabeln oder auf Baumstümpfe.

- **Kerzenhalter**

Die Kinder stapeln Schneekugeln zu großen Kerzenhaltern aufeinander. Die oberste Kugel wird ein wenig ausgehöhlt. In die Vertiefung stellen die Kinder kleine Gläser mit Teelichtern. Dann werden die Kerzen angezündet. Im Dunkeln leuchten die Schneekerzen besonders geheimnisvoll.

- **Geworfene Muster**

Wenn der Schnee schmilzt und von den Bäumen auf eine geschlossene Schneedecke rutscht, entstehen interessante Muster auf dem Boden. Die Kinder formen Schneebälle und lassen beim Werfen ebenfalls Muster und Ornamente im Schnee entstehen.

Kerzenhalter

Riesenkugel

Aufgespießt

Schneebär

Schneekugelbahn

Mit reichlich Schnee gelingt es, eine Kugelbahn für Schneebälle zu bauen.

Alter: ab 6 Jahre
Ort: draußen bei Schnee
Material: Schnee, gerade Äste, Rinde

Die Kinder wählen einen geeigneten Platz, z. B. eine ausgeprägte Baumwurzel oder einen Hang mit etwas Gefälle, und bauen aus Schnee Rinnen und Bahnen. Innen klopfen sie den Schnee gut fest, damit die Schneekugeln reibungslos kullern können.

Variante
Die Schneekugelbahn wird durch parallel gelegte gerade Äste oder gebogene Rindenstücke erweitert.

Mika testet die Kugelbahn

Im Garten steht ein Schneemann

Das volkstümliche Spiellied von 1920 wird zur bekannten Melodie „Ein Männlein steht im Walde" gesungen und gespielt.

Alter: ab 3 Jahre
Ort: drinnen
Material: 1 (Schneemann-) Hut oder 1 (Nikolaus-) Mütze, 1 weißer Umhang, 1 Besen

Die Kinder stehen im Kreis, ein Kind spielt den Schneemann. Es stellt sich in die Kreismitte, bekommt einen Hut oder eine Nikolausmütze aufgesetzt, einen weißen Umhang umgehängt und einen Besen in die Hand. Alle singen gemeinsam das Lied vom Schneemann.

Aymann spielt den Schneemann

1. Im Garten steht ein Schneemann im weißen Rock,
der drohet uns schon lange mit seinem Stock.
Schneemann, Schneemann, sieh nur her,
wir fürchten uns schon lang nicht mehr,
wir tanzen vor Vergnügen im Kreis umher.

2. Da scheint die liebe Sonne, sie scheint so warm.
Dem Schneemann fällt vor Schrecken
der Stock aus dem Arm.
Und auf einmal, oh wie dumm,
fällt der ganze Schneemann um.
Wir tanzen vor Vergnügen im Kreis herum.

1. Strophe

- Bei „der drohet uns schon lange mit seinem Stock" droht und winkt der Schneemann mit seinem Stock.
- Bei „wir fürchten uns schon lang nicht mehr" reiben die Kinder ihre Zeigefinger aneinander, um dem Schneemann zu zeigen, dass sie keine Angst vor ihm haben.
- Danach dreht sich jedes Kind einmal um sich selbst.

2. Strophe

- Bei „Sonne" heben die Kinder die Hände in die Luft und spreizen ihre Finger wie Sonnenstrahlen.
- Der Schneemann lässt zuerst seinen Besen und dann sich selbst auf den Boden fallen.
- Alle fassen sich an den Händen und tanzen um den „geschmolzenen Schneemann" herum.

Schneemann-sammelsurium

Kaum fallen die ersten Schneeflocken, entwickeln Kinder schon zahlreiche Ideen, wo man einen Schneemann bauen kann. Manch einer ist nur ganz klein, doch wenn draußen viel Schnee liegt, werden die Schneemänner riesig groß!

Alter: ab 3 Jahre
Ort: draußen bei Schnee
Material: Schnee, Stöcke, Steine, Hut, evtl. Kochtopf, Möhre

In kleinen Gruppen bauen die Kinder lustige Schneemänner, Schneefrauen und Schneekinder … der Fantasie und Gestaltungsfreude sind keine Grenzen gesetzt!

Adventskranz und Krippenbild

In der Advents- und Weihnachtszeit bietet der Schnee auch die Möglichkeit, einen Adventskranz oder eine Krippe mit Figuren und Tieren zu bauen. Bestimmt findet sich draußen ein geeigneter Platz dafür!

Alter: ab 5 Jahre
Ort: draußen im Schnee
Materialien: verschiedene Naturmaterialien (z. B. Zapfen, Blätter, Stöcke, Gras, Farn, Steinchen) zum Ausgestalten

Adventskranz
Die Kinder zeichnen mit einem Stock einen großen Kreis auf den Boden und häufeln Schnee auf die Kreislinie. So entsteht die Kranzform. Sie bauen Kerzen aus Schnee oder mit dicken Astabschnitten oder Zapfen. Der ganze Kranz wird mit verschiedenen Naturmaterialien dekoriert.

Schneekrippe
Die Kinder formen Schneebälle und setzen sie zu Figuren oder Tieren zusammen. Die Verbindungsstellen zwischen den einzelnen Bällen überdecken die Kinder mit Schnee und drücken diesen vorsichtig fest. Mit Stöcken, Zapfen, Blättern, Gräsern, Farn und Steinchen gestalten sie ihre Tiere und Figuren und arrangieren sie zu einem Krippenbild, z. B. unter einer umgestürzten Baumwurzel oder auf einem Baumstumpf.

Schneehasenjagd

Bei diesem Fangspiel jagt ein Eisbär die Schneehasen.

Alter: ab 4 Jahre
Ort: drinnen oder draußen
Material: Schnee (für draußen); evtl. Reifen (für drinnen)

Ein Kind spielt den Eisbär, die anderen Kinder sind Schneehasen. Die Schneehasenkinder graben zu Spielbeginn Schneekuhlen in zwei gegenüber liegenden Reihen und hocken sich hinein. Das Eisbärkind steht in der Mitte und ruft plötzlich: „Schneesturm!“ Alle Schneehasen verlassen ihre Kuhlen und suchen sich eine neue auf der anderen Seite. Das Eisbärkind versucht währenddessen einen Schneehasen zu fangen. Ge-

Krippe aus Schnee

Alexander jagt den Schneehasen

lingt es ihm, werden die Rollen getauscht und ein neuer Eisbär geht auf Schneehasenjagd.

Variante für drinnen
Im Bewegungsraum verteilen die Schneehasenkinder Reifen in zwei gegenüber liegenden Reihen auf dem Boden und hocken sich dort hinein.

Schneemonsterjagd

Bei Kälte und Schnee werden schon mal die Füße kalt. Dann ist es Zeit für bewegte Spiele!

Alter: ab 4 Jahre
Ort: draußen bei Schnee
Material: 1 Ball, Schneebälle

Die Kinder bilden zwei Mannschaften und stellen sich mit etwa fünf bis zehn Metern Abstand zueinander auf. Die Spielleitung markiert in der Mitte zwischen den Mannschaften einen breiten Graben und legt dorthin den Ball – das Schneemonster. Auf ein Startzeichen formen die Mannschaften schnell Schneebälle und werfen sie auf das „Schneemonster", um es so schnell wie möglich über die Grabenlinie der gegnerischen Mannschaft zu schubsen. Gelingt das, gibt es für die Mannschaft einen Punkt und eine neue Spielrunde beginnt.

Schnee ausstechen

Unter festgetretenem Schnee auf Wiesen und im Wald ist Gras oder Waldboden verborgen. Mit Ausstechförmchen lassen sich faszinierende Einblicke auf den Untergrund verschaffen.

Alter: ab 4 Jahre
Ort: draußen bei Schnee
Material: Ausstechförmchen (Sterne, Tanne, Elch usw.) in unterschiedlichen Größen

Zu Beginn dieser Aktion suchen die Kinder eine Stelle, an der der Schnee festgetreten ist. Ist Neuschnee gefallen, stampfen sie selbst eine Fläche mit den Füßen fest. Mit verschiedenen Ausstechförmchen stechen die Kinder in den Schnee und legen damit die Farben und Bodenbeschaffenheit unter

Schneekekse

der Schneedecke frei. Dabei gibt es manche Überraschung zu entdecken! Mit den Förmchen lassen sich auch große Bilder auf dem Boden gestalten, z. B. ein Tannenwald mit Elchen oder ein riesiger

Sternenhimmel mit verschieden großen Sternen.

Gestalten mit Schneekeksen

Je nach Festigkeit des Untergrunds bleibt der Schnee beim Ausstechen wie ein Schneekeks im Förmchen hängen. Mit diesen Schneekeksen in Sternen-, Tannen- und Tierformen lassen sich originelle Bilder und Waldkunstwerke gestalten.

Alter: ab 5 Jahre
Ort: draußen bei Schnee
Material: große Ausstechförmchen in verschiedenen Größen

Schnee ausstechen

Die Kinder drücken die Schneekekse vorsichtig aus den Förmchen, legen sie auf die flache Hand und arrangieren sie zu kleinen Kunstwerken, z. B.

- einen großen Stern oder viele kleine Sterne an einen Baumstamm kleben
- Tannenbäume auf einem Baumstumpf zu einem Tannenwald anordnen
- Sterne ins Geäst eines Strauches klemmen
- große Sterne zwischen schlanke Baumstämme klemmen
- Elche oder andere Tiere auf einem umgekippten Baumstamm einander hinterherlaufen lassen
- Monde oder Sterne auf Baumpilze setzen

Tauwetter

Bei einsetzendem Tauwetter gerät der Schnee auf Bäumen und Büschen in Bewegung. Im Vorgang des Rutschens bilden sich merkwürdige Formen. Dabei lassen sich mit ein wenig Fantasie Tiere an den ungewöhnlichsten Plätzen entdecken.

Alter: ab 4 Jahre
Ort: draußen bei Tauwetter

Gemeinsam mit der Spielleitung unternehmen die Kinder einen Tauwetterspaziergang. Überall in den Bäumen hört und sieht man es rutschen, kippen und plumpsen. Die Kinder halten die Augen und Ohren offen und entdecken dabei lustige Tiere, z. B. einen schlafenden Eisbären in einer Astgabel oder einen dicken Fisch auf einem Baum.

Ein Eisbär im Baum — *Ein Fisch im Baum*

Riesenigiu aus Schneeblöcken

Manche Menschen leben in kugeligen Häusern aus Schnee, z. B. die Inuit in der Arktis. Dort ist es so kalt, dass die Häuser, die Iglus genannt werden, nicht schmelzen.
Hat es richtig viel geschneit, können die Kinder mit ihren Eltern zusammen im Kindergarten oder in der Schule ein Riesenschneehaus bauen.

Alter: Eltern und Kinder
Ort: draußen bei viel Schnee
Material: Plastikboxen, Eimer, Schaufeln, Schippen, Säge

- Die Kinder schaufeln Schnee in die bereit gestellten Plastikboxen und klopfen ihn darin fest, so dass ein richtiger Schneeblock entsteht.
- Die ersten Schneeblöcke werden in einer Rundform auf dem Boden angeordnet und dann darauf immer höher gebaut.
- Das geschickte, immer versetzte Übereinanderstapeln der Schneeblöcke zu einem stabilen Rieseniglu gelingt am besten mit Pappschnee. Es

stellt eine besondere Herausforderung an alle Iglubauer und an ihr Durchhaltevermögen dar.

- Je höher die quadratischen Schneeblöcke gestapelt werden, umso mehr Einsatz ist von den Eltern gefordert, weil die Kinder nicht mehr groß genug sind, um ein mannshohes Haus zu bauen.
- Um eine Wölbung des Igludaches zu erreichen, kommt zum Schluss auch die Säge zum Einsatz: Die Schneeblöcke müssen verkleinert und oben immer schmaler gestapelt werden, bis sich die Wölbung schließt.

Tiere im Winter

Kuschelwarme Winterhöhlen

Zwei Rätsel

Im kuscheligen Winternest
verschlaf' ich jedes Winterfest.
Roll' mich ein im Erdenhaus
und krabbel erst im Mai heraus.
Wer bin ich?

Siebenschläfer

Ein Blätterhaufen warm und weich
ist mein kuscheliges Winterreich.
Dort schnarch' ich laut, und ab und zu
wach' ich auf aus meiner Ruh'.
Wer bin ich?

Igel

Die Entdeckung der Langsamkeit

Tiere haben für den Winter unterschiedliche Strategien entwickelt, um die kalte Jahreszeit zu überleben. Sie bewegen sich so wenig wie möglich, schlafen, ruhen oder erstarren, um sparsam mit Kraftreserven umzugehen.

Alter: ab 3 Jahre
Ort: drinnen im Bewegungsraum
Material: Decken, Matten, Kissen, Entspannungsmusik, Triangel

Die Spielleitung verteilt die Decken, Matten und Kissen im Bewegungsraum. Die Kinder gehen sehr langsam durch den Raum. Immer wenn sie den Klang der

Winterschlaf und Winterruhe

Der Winter ist eine harte Zeit für Tiere. Das Nahrungsangebot ist so knapp, dass es für einige Tiere sinnvoll ist, den Winter einfach zu verschlafen. Denn wer schläft, spart Energie. So senkt z.B. der **Feldhamster**, der wie **Haselmaus** und **Fledermaus** ein echter *Winterschläfer* ist, seine Körpertemperatur von 35 °C auf vier bis sechs Grad. Dabei atmet er nur noch vier Mal pro Minute (sonst 80 bis 250 Atemzüge pro Minute). Zwischendurch wacht der **Feldhamster** in seinem Bau kurz auf, um von seinen gesammelten Vorräten etwas zu fressen, und schläft dann weiter. **Igel** und **Siebenschläfer** futtern dagegen im Herbst auf Vorrat und speichern die Futterreserven an ihrem Körper. Dabei kann sich ihr Gewicht schon mal verdoppeln. Während der **Siebenschläfer** sieben lange Monate tief und fest schläft, wacht der Igel an frostfreien Tagen manchmal auf und sucht etwas zu fressen. Aber nicht alle Tiere verschlafen den Winter. **Eichhörnchen, Dachs** und **Hermelin** sind keine echten Winterschläfer, sondern Halbschläfer. Sie ruhen nur und lassen sich gut beobachten. Das Hermelin (auch **Wiesel** genannt) ist an seinem weißen Winterkleid mit schwarzer Schwanzspitze zu erkennen. **Feldhasen** sind im Winter wach. Sie vermeiden aber lange Wege, um Kraft zu sparen, weil es nur wenig Nahrung für sie gibt.

Amandeep und Lonne als Igelkinder

Triangel hören, legen sie sich auf eine Decke oder Matte und probieren eine Ruheposition aus: einigeln, einrollen, flach auf den Bauch legen, erstarrt auf den Rücken legen usw. Sobald die Spielleitung die Triangel erneut anschlägt, stehen die Kinder auf und gehen weiter langsam durch den Raum.

Siebenschläfer

Der Siebenschläfer schläft, wie sein Name verrät, sieben lange Monate in seiner selbst gegrabenen Erdhöhle. Man findet ihn auch in Gebäuden.

Alter: ab 3 Jahre
Ort: drinnen
Material: viele Kissen, 1 Decke

Die Kinder sitzen im Stuhlkreis. In der Mitte liegt eine Decke mit vielen Kissen zum Einkuscheln für den Siebenschläfer. Ein Kind geht kurz vor die Tür. Ein anderes Kind wird ausgewählt, den Siebenschläfer zu spielen. Es vergräbt sich im Kissenhaufen. Die Kinder wechseln schnell ihre Plätze und das herein gerufene Kind rät, wer in die Rolle des schlafenden Siebenschläfers geschlüpft ist.

Variante
Es kann sich ein schnarchender Igel verstecken, der an seiner schnarchenden Stimme zu erkennen ist.

Kuschelzeit

Kuschelzeiten gibt es bei ausgewachsenen Vögeln nur im Winter, um sich gegen Kälte zu schützen. Von Zaunkönigen ist bekannt, dass sie sich im Winter gegenseitig in Nistkästen wärmen. Kuschelweltmeister ist der Gartenbaumläufer. Bis zu zwanzig Tiere können sich in einer Baumhöhle zusammendrängen.

Alter: ab 3 Jahre
Ort: drinnen im Bewegungsraum
Material: Reifen, Turnbänke, Seile

Die Spielleitung baut eine Landschaft aus Reifen, Turnbänken und ausgelegten Seilen aus. Die Kinder spielen Vögel im Winter, die sich zum Schlafen und zum aneinander Kuscheln zusammenfinden. Zunächst flattern alle Kinder als Vögel frei im Raum herum. Dann ruft die Spielleitung: „*Kuschelzeit*" und nennt eine Zahl. Entsprechend der genannten Zahl finden sich Kinder schnell in einem Reifen, auf einem Seil oder einer Bank zusammen und hocken sich kuschelnd nebeneinander.

Jovanna, Linn und Amandeep kuscheln im „Vogelnest"

Vogelwinter

Der verschwundene Winterwald

Es war Winter geworden. Über Nacht hatte es geschneit und im Licht der aufgehenden Morgensonne glitzerten die Schneeflocken wie strahlende Sterne. Das Rotkehlchen plusterte seine kleinen Flügel auf: „Mir ist kalt!", piepste es hilflos. Die flinken Meisen hüpften durchs Geäst wie immer. Und doch war dem Rotkehlchen aufgefallen, dass sie noch flinker hüpften als sonst. Vielleicht war ihnen auch kalt? Es war der erste Winter für das junge Rotkehlchen und der erste Schnee. Neugierig pickte es eine Glitzerflocke mit seinem kleinen Schnabel auf. Doch sobald sie im Schnabel steckte, war sie auch schon wieder verschwunden. „Seltsam", dachte das Rotkehlchen und pickte eine Schneeflocke nach der anderen. Da kam das rotbauchige Gimpelmännchen angeflogen und lachte: „Das sind Schneeflocken, du Dummerchen, da wirst du nicht satt, es ist gefrorenes Wasser. Komm mit zum Futterhäuschen, da gibt es Haferflocken für deinen kleinen hungrigen Magen." Dankbar folgte das Rotkehlchen dem Gimpel zu einer Futterstelle im Garten einer Siedlung.

Am Futterhäuschen war viel los. Eine Horde dicker Grünfinken hatte es besetzt. Sogar die frechen Spatzen kamen nicht näher heran, denn mit wilden Flügelschlägen verteidigten die Grünfinken den Futterplatz. Da half nur abwarten, bis sie satt waren, und hoffen, dass etwas übrig blieb. Der große Grünspecht kam in den kleinen Garten geflogen. Erschrocken flüchtete die gesamte Horde Grünfinken vom Futterplatz in die Krone einer hochgewachsenen Weide. „Die Menschen pflanzen mitten in der Stadt einen Winterwald", verkündete der Grünspecht mit seiner lauten lachenden Stimme. Die Meisen waren neugierig geworden. Ein neuer Wald, den wollten sie sofort ansehen. Doch alle anderen Vögel waren misstrauisch und blieben lieber im Garten in Nähe des Futterhäuschens. Vielleicht wollte der Grünspecht sich nur einen Spaß mit ihnen machen und das Futterhäuschen für sich alleine haben?

Als nach drei Tagen keine Meise in den Garten zurückgekehrt war, wurden auch die Spatzen neugierig und beschlossen, wie die Meisen in den neuen Stadtwald überzusiedeln. Da war bestimmt mehr los und es gab genug Futter für alle. Auch sie kehrten nicht zurück. Da machte sich der Gimpel auf und flog in die Stadt, um zu sehen, was für ein Wald dort in so kurzer Zeit gewachsen war. Die Stadt war voller Autos, Lichter und Menschen. Und mittendrin gab es einen richtigen Tannenwald. Überall glitzerten Lichter, es roch nach Popcorn, frischen Waffeln und Glühwein. Da waren ja auch die Spatzen. Gierig pickten sie Popcornkrümel vom Boden auf.

Als der Gimpel am Abend zurück zum Garten kam, erzählte er den übrigen Vögeln, welche wundersamen Dinge er gesehen hatte. Er sprach vom Popcorn, den vielen Lich-

Rotkehlchen

Kohlmeise

tern und den vielen Menschen. Die Tauben wollten schon morgen in die Stadt auswandern, die Amseln zögerten noch. Nur das Rotkehlchen hatte Angst vor der großen Stadt. Der Gimpel versprach dem Rotkehlchen, bei ihm im Garten zu bleiben, auch wenn es wirklich immer ruhiger und einsamer geworden war.

So verging einige Zeit im Dezember. Doch eines Tages kehrten zuerst ein paar Blaumeisen und einen Tag später die Horde Grünfinken wieder in den Garten zurück. Enttäuscht erzählten sie: „Der Wald in der Stadt wird immer kleiner, es ist kein Platz mehr für alle.“ Am nächsten Tag kamen weitere Auswanderer zurück und am 24. Dezember waren alle Vögel wieder zusammen im Garten.

Der Gimpel verstand die Geschichte vom verschwundenen Winterwald nicht und flog noch einmal in die Stadt zurück, um der Sache auf den Grund zu gehen. In der Stadt leuchteten noch die vielen Lichter, aber es war Ruhe eingekehrt. Keine Buden mehr, keine Menschen mehr, nur noch wenige Autos. Und der Winterwald war tatsächlich verschwunden. Da setzte sich der Gimpel auf eine Fensterbank, pickte ein paar ausgestreute Körner und blickte in das erleuchtete Zimmer hinter dem Fenster hinein: Er sah einen bunt geschmückten Tannenbaum mit Lichtern. Beim Weiterfliegen sah er noch einen im Nachbarhaus. In jedem Haus gab es einen geschmückten Tannenbaum. Nun wusste der schlaue Gimpel, was mit dem Winterwald geschehen war …

Im Garten war es dunkel geworden. Das Futterhäuschen war mit frischem Futter aufgefüllt und überall hingen Futterbällchen und Futterringe in den Zweigen. Es gab genug zu essen für jeden. „Das ist ja ein Festmahl heute!“, staunten die Vögel. „Es ist ja auch Weihnachten“, sagte der Gimpel mit geheimnisvoller Stimme. „Und die Menschen feiern auch. Schaut mal in das Fenster hinein! Aus dem Winterwald in der Stadt ist in jedem Haus ein geschmückter Weihnachtsbaum geworden.“

Regina Bestle-Körfer

Vögel im Winter

Ein Winter mit frostigen Temperaturen und Schnee ist für Vögel, die nicht in den wärmeren Süden geflogen sind, wirklich hart. Um sie vor Kälte zu schützen, ist ihr Federkleid im Winter daher dichter als im Sommer. Und wenn Vögel sich zu einer Kugel aufplustern, umgibt sie ein zusätzlich schützendes Luftpolster. Besonders wegen ihrer fein verästelten Daunenfedern, die Luft gut halten können, schaffen Vögel es, ihre Körpertemperatur von 40 °C auch im Winter aufrecht zu erhalten. Vögel benötigen im Winter sehr viel Futter als Fettpolster gegen die Kälte. Um nicht zu erfrieren, übernachten die meisten während des Winters in Baumhöhlen, dichten Bäumen und Sträuchern, in Gebäudenischen oder auch in Nistkästen und Nestern.

Drosselweibchen

Gefüllte Futterzapfen

Winterfütterung bietet Kindern eine gute Gelegenheit, Vögel aus nächster Nähe zu beobachten. Naturschutzorganisationen wie NABU und BUND empfehlen, erst bei Frost und Schnee den Vögeln Futter anzubieten, es dann aber regelmäßig zu tun. Dabei ist zu berücksichtigen, dass man bei den Vögeln Körnerfresser (z. B. Spatzen und Finken) und Weichfutterfresser (z. B. Amseln, Meisen, Rotkehlchen und Zaunkönige) unterscheidet. Die Körnerfresser lieben Sonnenblumenkerne in der Schale oder eine bunte Körnermischung; die Weichfutterfresser mögen am liebsten Rosinen, Apfelstücke, Haferflocken, Kleie oder schon fertig geformte Meisenknödel.

Luca und Luca hängen Zapfen auf

Alter: ab 4 Jahre
Ort: drinnen
Material: Kokosfett, 1 alter Kochtopf, loser Vogelfuttermix aus Haferflocken, Nüssen und Sonnenblumenkernen, 1 altes Backblech, geöffnete Fichten- oder Kiefernzapfen, 1 kleiner Löffel, Zeitungspapier; evtl. dünne Kordel, Kolbenhirse, Äpfel, Fernglas

- Die Spielleitung schmilzt das Kokosfett im Kochtopf bei kleiner Hitze.
- Ist es etwas abgekühlt, rühren die Kinder das Vogelfutter hinein und schütten die halbfeste Masse auf ein Backblech.
- Vorsichtig rollen sie mit den Händen die Zapfen über die Masse oder streichen sie mit einem kleinen Löffel in die geöffneten Schuppen.
- Die fertigen Futterzapfen legen die Kinder auf das Zeitungspapier, lassen sie ganz trocknen und hängen sie nach draußen.

Dann heißt es abwarten, bis die ersten Vögel kommen.

Varianten

- Die Kinder fädeln Sonnenblumenkerne und Erdnüsse auf dünne Kordeln auf – so entstehen Futterketten für die Vögel.
- Kolbenhirse (aus dem Tierfachhandel) binden sie mit Kordel zu einem Ring oder Herz.
- Äpfel werden mit Sonnenblumenkernen gespickt und ins Futterhaus oder auf die Fensterbank gelegt.

Achtung

Beim Futterkauf unbedingt darauf achten, dass das Futter frei von Ambrosiasamen ist! Ambrosiapflanzen verbreiten sich sehr stark und lösen Allergien aus!

Tipp

Mit einem Fernglas sind die Vögel besser zu sehen.

Winterruhe

Rätsel

Wer springt denn dort mit großer Hast
und sehr viel Schwung von Ast zu Ast?
Hat einen buschig braunen Schwanz,
mit einem leichten roten Glanz,
zwei wache Augen, spitze Ohren.
Was hat es hier im Wald verloren?

Eichhörnchen

Annemarie Stollenwerk

Nüsse vergraben

Bis zum Winteranfang hat das Eichhörnchen Nüsse, Eicheln, Zapfensamen usw. für seinen Wintervorrat gesammelt. Einen Teil der Vorräte hat es in seinem Kobel, das ist ein kugeliges Nest im Baum, und in Astlöchern versteckt. Den größten Teil aber vergräbt das Eichhörnchen im Boden unter Baumwurzeln. Mit seinem gut ausgebildeten Geruchssinn findet es viele Verstecke wieder. Aus den Früchten und Samen, die im Boden bleiben, wachsen im Frühjahr neue kleine Baumtriebe.

Alter: ab 5 Jahre
Ort: Außengelände, Wald
Material: pro Kind 5–10 Haselnüsse oder Erdnüsse in der Schale

Alle Kinder spielen Eichhörnchen und bekommen von der Spielleitung fünf bis zehn Nüsse. Diese müssen sie als Wintervorrat verstecken. Dabei ist es wichtig, sich gut zu merken, wo die Nüsse verborgen sind!
In der zweiten Spielphase machen sich die „Eichhörnchen“ auf Futtersuche. Finden sie alle ihre Verstecke wieder?

Melissa vergräbt Nüsse

Von Baum zu Baum

Eichhörnchen sind geschickte Springer. Mühelos hüpfen sie bei ihren Streifzügen von Baum zu Baum durch Wald und Gärten und halten Ausschau nach besonderen Leckerbissen.

Alter: ab 4 Jahre
Ort: drinnen im Bewegungsraum
Material: pro Kind 1 Reifen, Seile, 1 Körbchen, Nüsse, 1 Stoffeichhörnchen

In die Mitte des Raums stellt die Spielleitung ein Körbchen mit Nüssen, daneben das Eichhörnchen. Um das Körbchen verteilt sie Seile – das sind die Äste im Baum. An den Außenrand der Seillandschaft legt jedes Kind einen Reifen auf den Boden – das ist sein Eichhörnchenkobel.
Auf ein Zeichen der Spielleitung balancieren die Kinder, als wären sie Eichhörnchen, über die Seile zum Körbchen, nehmen eine Nuss heraus und balancieren damit zurück in ihren Kobel. Ist der Korb in der Mitte leer, zählen die Kinder, wie viele Nüsse sie in ihren Kobel getragen haben.

Hinweis
Mit nackten Füßen oder auf Socken können die Kinder das Seil unter ihren Füßen gut spüren und mit Hilfe ihres Tastsinns ihr Gleichgewicht trainieren.

Im Kobel

Das Eichhörnchen baut seinen Kobel, ein kugeliges Nest, in die Astgabeln von Bäumen. Er besteht aus kleinen Zweigen und wird mit Moos, trockenem Gras und Laub gepolstert. Meistens hat der Kobel zwei Schlupflöcher. So kann das Eichhörnchen sich schnell in Sicherheit bringen, wenn plötzlich Gefahr droht. Eichhörnchen nutzen auch Nistkästen als Nest oder bauen verlassene Vogelnester von Elstern und Krähen zu einem Kobel um.

Alter: ab 4 Jahre
Ort: Außengelände, Wald
Material: Äste, Zweige, Laub, trockenes Gras, Reisig, etwas Moos

Die Kinder sammeln Äste und Zweige und bauen daraus einen kugeligen Kobel zwischen Bäumen. An der Vorderseite lassen sie eine Öffnung als Schlupfloch. Das Innere des Kobels polstern die Kinder mit Laub, trockenem Gras, kleinen Zweigen und etwas Moos. Ein gemütlicher Unterschlupf für das Eichhörnchen!

Winterruhe im Kobel

Wenn die Tage kürzer und kälter werden, beginnt das Eichhörnchen seine Winterruhe (➜ S. 56). Es verschließt die Ausgänge seines Kobels und findet so Schutz vor Kälte, Eis und Schnee. Meistens schläft es nur ein paar Tage – deshalb nennt man das Eichhörnchen einen Halbschläfer. Dann wacht es auf, frisst etwas von den Vorräten im Kobel oder macht sich auf die Suche nach den vergrabenen Nüssen. Hat es sich satt gefressen, schläft es weiter, manchmal nur einige Stunden oder auch eine ganze Woche.

Alter: ab 3 Jahre
Ort: am selbst gebauten Kobel

Die Kinder klettern nacheinander vorsichtig in den Kobel und machen es sich dort gemütlich. Sie schließen für ein paar Minuten die Augen und spüren nach, wie sich das Eichhörnchen bei der Winterruhe im Kobel fühlen mag.
Ganz am Schluss singen die Kinder, wenn sie mögen, gemeinsam für das Eichhörnchen ein Schlaflied.

Luca im selbst gebauten Kobel

Winterstarre

Winterhotel für kleine Tiere

Spinnen und Insekten wie Marienkäfer, Ohrwürmer, Laufkäfer, Schlupfwespen, Falter oder Wildbienen verbringen die kalte Winterzeit in einem Zustand der Erstarrung. Die meisten von ihnen haben bereits für Nachwuchs gesorgt. An gut versteckten Orten ruhen ihre Eier, Larven und Puppen. Sogar bei Temperaturen unter 0 °C erfrieren sie nicht, denn ihr Körper bildet eine Art Frostschutzmittel. Dieser Stoff verhindert, dass die Körperflüssigkeit gefriert, weil er den Gefrierpunkt – der sonst bei 0 °C liegt – weiter nach unten verschiebt. Ein Hochhaus aus Stöcken, das mit verschiedenen Naturmaterialien gefüllt wird, könnte Insekten als Winterhotel dienen.

Alter: ab 5 Jahre
Ort: Außengelände, Garten, Wald
Material: mehrere gerade Stöcke (ca. 1 m lang), kleine Zweige von Laub- und Nadelbäumen, Zapfen, Astabschnitte, Reisig, Laub, Gras usw.

Die Kinder bilden kleine Gruppen und stecken die geraden Stöcke zu einem Viereck fest in den Boden. Den entstandenen Raum füllen sie in einzelnen Schichten mit kleinen Zweigen, darauf Zapfen, Reisig, Laub, Gras und wieder kleinen Zweigen. Nach und nach wächst das Haus in die Höhe. Es bietet den verschiedenen Kleinlebewesen in den unterschiedlichen Naturmaterialien einen idealen Unterschlupf in der kalten Zeit. Eventuell suchen auch kleine Vögel wie das Rotkehlchen oder der Zaunkönig in den vielen Zwischenräumen des Hochhauses Schutz vor der Kälte.

Erstarren

In diesem Bewegungsspiel trainieren die Kinder ihr Körpergefühl und ihren Gleichgewichtssinn.

Alter: ab 3 Jahre
Ort: drinnen im Bewegungsraum
Material: Musik oder Handtrommel

Die Spielleitung erzählt den Kindern, sie wären Tiere, die vom Winter überrascht werden und, sobald die Musik aussetzt, in Winterstarre fallen. Entweder bewegen die Kinder sich zur Musik oder die Spielleitung bewegt sich mit den Kindern rhythmisch zur Handtrommel im Raum. Die Spielleitung nennt ein Tier, z. B. Vogel, Frosch, Spinne, Katze oder Eichhörnchen, und alle Kinder bewegen sich entsprechend. Sobald die Musik stoppt, erstarren die Kinder in ihren Bewegungen und halten ihre erstarrte Stellung für einige Sekunden, bis die Musik wieder einsetzt und die Spielleitung ein neues Tier ansagt.

Mara baut ein Winterhotel

Winterschlaf

Lauf, kleiner Igel!

Für Säugetiere wie den Igel gibt es im Winter nichts mehr zu fressen. Die Natur hat es so eingerichtet, dass sie die kalte Zeit einfach verschlafen. Eine lange Dauer ohne Nahrung überstehen die Tiere nur deshalb, weil sie ihren Stoffwechsel auf die kleinste, zum Überleben notwendige Stufe herunterfahren können, und zwar durch Abkühlen der Hauttemperatur und Verlangsamung von Atmung und Herzschlag. Der Igel futtert sich im Herbst eine dicke Fettschicht an und macht sich auf die Suche nach einem frostsicheren Versteck. Dort schläft er von Oktober bis April. Bei frostfreiem Wetter wacht er schon einmal auf und geht auf Nahrungssuche.

Alter: ab 3 Jahre
Ort: draußen oder drinnen
Material: Würfel, Igel-Spielfiguren aus Kastanien in stacheliger Hülle, Kleber, brauner Tonkartonbogen, Laub, evtl. weiße Tafelkreide

- Die Kinder basteln aus Kastanien und ihren Hüllen kleine Igel-Spielsteine.
- Sie kleben die stachelige Kastanienhülle mit etwas Kleber auf den Kastanien fest.
- Die Spielleitung malt mit der Kreide auf den Tonkarton das Spielfeld (s. Abb.).
- Sie markiert jedes Startfeld mit einem Pfeil.
- Ans Ende des Spielfeldes wird ein kleiner Berg aus Laub gelegt. Das ist das Ziel: ein Blätterberg, in dem der Igel sich zum Winterschlaf zurückziehen kann.

Die Kinder setzen ihren Igel auf das Startfeld. Reihum wird gewürfelt. Zeigt der Würfel eine Sechs, darf das entsprechende Kind seinen Igel ein Feld weiterziehen lassen. Welcher Igel kommt zuerst im Winterversteck an?

Variante für draußen

Die Spielleitung malt mit Kreide ein Spielfeld auf den Boden. Die Kinder spielen Igel und ziehen entsprechend der Zahl auf dem Würfel. Am Ende des Spielfeldes springen sie in einen Blätterberg aus Herbstlaub.

Wie schläft es sich im Blätterberg?

Der Igel zieht sich zum Winterschlaf unter einen dicken Berg aus Ästen und Blättern zurück. Darunter schläft er tief und fest. Die dicke Blätterschicht schützt ihn vor Kälte und Schnee. Gleichzeitig verrottet sie allmählich und erzeugt dabei Wärme.

Alter: ab 5 Jahre
Ort: Park, Wald
Material: viel Laub, 1 Kapuzenjacke

Die Kinder bilden kleine Gruppen. Ein Kind ist der Igel. Es hat die Jacke an und die Kapuze auf und legt sich mit dem Rücken auf den Waldboden. Dort streckt sich der Igel lang aus. Schweigend und ganz behutsam decken die anderen Kinder das Igelkind mit Laub zu. Auch um den Kopf herum häufen sie sehr vorsichtig Laub auf, bis nur noch das Gesicht zu sehen ist.
Das Igelkind kann einen Augenblick im Blätterberg liegen bleiben. Wie fühlt es sich? Liegt es warm, kuschelig und bequem? Anschließend helfen die Kinder dem Igel auf und die Rollen werden getauscht.
Zum Schluss erzählen die Kinder, wie sie den Augenblick unter dem Blätterberg erlebt haben.

Hinweis
In diesem Erlebnis- und Stillespiel erfahren die Kinder, wie sich ein Igel in seinem Blätterversteck fühlt. Sie üben beim Spielen ein, behutsam miteinander umzugehen und die Grenzen anderer Kinder zu achten.

Achtung
Wenn das Igelkind „Genug!" sagt, hören die Kinder sofort mit dem Zudecken auf!

Igelmassage

Einen eingerollten Igel können die Kinder auch mit ihrem Körper darstellen und sich gegenseitig eine wohltuende Rückenmassage schenken.

Niclas im Blätterberg

Alter: ab 4 Jahre
Ort: drinnen
Material: Decken oder Matten, Entspannungsmusik

Die Kinder bilden Paare. Ein Kind kniet sich auf die Matte, beugt seinen Oberkörper nach vorne, legt das Gesäß auf den Fersen ab und den Kopf vorne auf die übereinander gelegten Hände. Das Partnerkind kniet sich daneben und lässt die Fingerspitzen über den Rücken des Igelkindes kribbeln, reiben, tippen – wie ein sanfter Regenschauer. Die Spielleitung erzählt, dass die Sonne kurz am Himmel erscheint und die Kinder „malen" in Kreisbewegungen mit dem Zeigefinger eine Sonne mit vielen Strahlen auf den Rücken. Dann regnet es wieder: Die Kinder trippeln mit den Fingerspitzen über den Rücken. Am Himmel erscheint ein Regenbogen: Die Kinder „malen" einen Regenbogen über den Rücken. Anschließend tauschen die Partner ihre Rollen, so dass jedes Kind in den Genuss einer Igelmassage kommt.

Kopfüber

Wenn Fledermäuse schlafen wollen, hängen sie sich z. B. an eine Höhlendecke oder in einen hohen, geschützten Baum. Der Kopf zeigt dabei nach unten und die Flügel sind vor dem Körper zusammengefaltet. In dieser Haltung verbringen die Fledermäuse auch die Zeit des Winterschlafes.

Alter: ab 4 Jahre
Ort: draußen, an einer Turnstange

Die Kinder setzen sich mit Hilfestellung durch die Spielleitung auf die Turnstange und lassen sich langsam nach unten gleiten. Mit den Kniekehlen

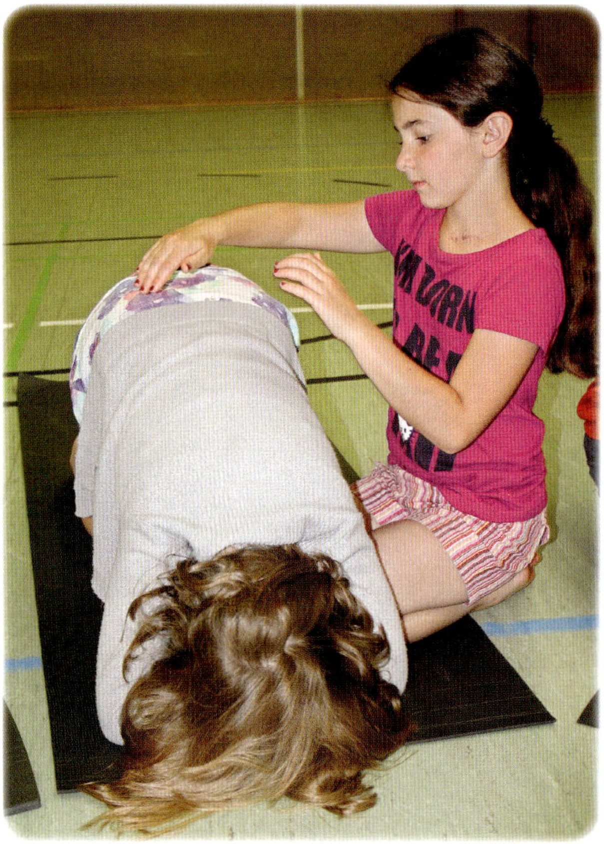

Justin massiert Lukas ⮉ *Chiara massiert Saskia* ⮋

Luca als Fledermaus

Mara als Fledermaus

halten sie ihr Körpergewicht. Sie schließen für einen Moment die Augen und spüren nach, wie die Fledermäuse in ihrem Winterquartier hängen und schlafen.

Immer langsamer

Wenn der Winterschlaf beginnt, senken die Fledermäuse ihre Körpertemperatur ab. Das spart Energie. Auch die Puls- und Atemfrequenz wird deutlich langsamer, während die Fledermäuse schlafen.

Alter: ab 3 Jahre
Ort: drinnen im Bewegungsraum
Material: 1 Decke, Rhythmusinstrumente (z. B. Triangel, Klangstäbe, Tamburin, Bongos, Holzblock)

Die Spielleitung legt die Decke in die Kreismitte. Ein Kind ist eine Fledermaus und legt sich auf die Decke. Alle anderen Kinder bekommen verschiedene Rhythmusinstrumente. Ein Kind beginnt damit, einen Schlagrhythmus vorzugeben. Alle anderen klopfen ihn mit. Nach und nach soll der Rhythmus immer langsamer werden – so wie Herzschlag und Atemfrequenz der Fledermäuse – bis die Fledermaus eingeschlafen ist. Dann beginnt eine neue Spielrunde.

Tierspuren im Schnee

Tierspuren

Tiere, die keinen Winterschlaf machen, sind im Winter immer auf Nahrungssuche. Sie halten sich häufig in Waldrandnähe auf, weil auf den angrenzenden abgeernteten Feldern immer noch Nahrungsreste zu finden sind: z. B. ein verwelkter Kohlkopf, Maiskolben oder Kornähren. Bei einer geschlossenen Schneedecke lassen sich Tierspuren gut erkennen und verfolgen:

- ***Kaninchen***- und ***Feldhasenspuren*** sind an zwei langen Hinterpfotenabdrücken und davor liegenden kleineren Vorderpfotenabdrücken zu erkennen. Ihre Spur ist unverwechselbar: Punkt-Punkt-Doppelstrich. Sie bewegen sich manchmal in großen Zickzacklinien vorwärts.
- ***Reh***- und ***Hirschspuren*** sind immer zweipaarige Hufabdrücke. Die Hufe der Hirsche sind größer als die der Rehe.
- Eine ***Fuchsspur*** ist leicht zu erkennen, besonders wenn der Fuchs langsam im Schnee unterwegs ist. Dann reihen sich seine Pfotenabdrücke wie eine Perlenschnur in gleichmäßigen Abständen aneinander. Sonst liegen seine Pfotenabdrücke nebeneinander.
- ***Eichhörnchenspuren*** sind an zwei nebeneinander liegenden größeren Zehenabdrücken und zwei kleineren Zehenabdrücken direkt dahinter zu erkennen.
- ***Vogelspuren*** sind bei Singvögeln sehr klein: drei kleine Krallen vorne, eine kleine Kralle hinten. Die großen Vogelspuren stammen im Winter von Krähen und Rabenvögeln.

Vogelspur

Tierschneespuren

Eine weiße Schneedecke zeigt deutlich, wie viele verschiedene Tiere es im Garten, auf der Wiese oder im Wald gibt. Die Spuren lassen sich wie eine Geschichte lesen. Sie verraten, welche Lebensräume Tiere bevorzugen und welche Wege sie im Winter bei der Nahrungssuche zurücklegen.

Alter: ab 4 Jahre
Ort: draußen im Schnee
Material: kleine Stöckchen, evtl. 1 Spuren-Bestimmungsbuch

Die Kinder ziehen los und machen sich auf Tierspurensuche. Jede neue Tierspur kennzeichnen die Kin-

Spuren von Fuchs und Kaninchen

Spuren von Kaninchen und Vogel

der mit einem Stöckchen. Nach ungefähr 15 Minuten kommen alle SpurensucherInnen zusammen. Gemeinsam werden nun die aufgespürten Tierspuren betrachtet und überlegt, von wem sie stammen können und mit Hilfe eines Spurenbuches bestimmt.

Fuchskind im Versteck

Diese Variante des Versteckspiels klappt nur in frisch gefallenem Schnee. Der Fuchs hinterlässt eine Spur wie eine Perlenschnur, indem er immer einen Fuß vor den nächsten setzt.

Alter: ab 4 Jahre
Ort: draußen im Schnee

Ist der Schnee frisch gefallen und die Schneedecke weitgehend unberührt, gelingt dieses Suchspiel am besten. Ein Kind stapft Fuchsspuren durch den Schnee und versteckt sich z. B. hinter einem Baum. Sobald das Kind sein Versteck gefunden hat, schickt die Spielleitung das erste Kind auf die Suche. Es stapft durch den Schnee immer der Trittspur nach. Hat es das Fuchskind im Versteck gefunden, hockt es sich daneben. Dann wird das nächste Kind von der Spielleitung auf Spurensuche geschickt.

Fuchsjagd

Dieses Versteckspiel lässt sich als Variante von „Fuchskind im Versteck" mit einem Stofffuchs spielen.

Alter: ab 5 Jahre
Ort: draußen bei Schnee
Material: Fuchsstofftier

Zwei Fuchskinder stellen sich zur Verfügung und ziehen zusammen mit dem Fuchsstofftier hinaus ins Freie. Sie treten Spuren in den Schnee und können dabei nebeneinander oder hintereinander gehen, dieselben Trittspuren benutzen oder ihre Spuren sich überkreuzen lassen. Nach einer kleinen Weile suchen sie für ihr Stofftier ein Versteck und treten den Rückweg an, indem sie ihre ersten Spuren auch für den Rückweg benutzen. Die übrigen Kinder suchen anhand der Spuren im Schnee den Fuchs in seinem Versteck.

Farben-Spurenspiel

Bevor es losgeht, stellen die Kinder das Farben-Spurenspiel selber her.

Alter: ab 3 Jahre
Ort: drinnen
Material: 1 großes weißes Bettlaken, pro Kind 1 Bogen farbiges Tonpapier (in verschiedenen Farben), Stifte, Scheren, Farbwürfel

- Jedes Kind umfährt den Umriss seines rechten und seines linken Fußes mit einem Stift auf dem farbigen Tonpapier und schneidet beide aus.
- Die Fußabdrücke werden mehrfach aufgemalt und ausgeschnitten, so dass jedes Kind ca. zehn Abdrücke in einer Farbe hat.
- Die Spielleitung breitet das weiße Bettlaken als Spielfeld auf dem Boden aus.
- Die Kinder legen eine farbige Spur auf das weiße Spielfeld.
- Sind alle Spuren verteilt, beginnt das Würfelspiel.
- Die Kinder würfeln am Spielfeldrand abwechselnd mit dem Farbwürfel.
- Die Farbe des Würfels bestimmt den Weg über das Spielfeld, den jedes einzelne Kind gehen wird.
- Hat es z. B. Rot gewürfelt, tritt es nur auf die roten Spuren, um das Spielfeld zu überqueren. Bei Blau benutzt es nur die blauen Spuren usw.

Im Winterwald

Stumme Riesen

Kahle Baumriesen

Wie gewaltige Riesen recken die kahlen Winterbäume ihre dunklen Äste in den Winterhimmel. Dabei werden ihre besonderen, sehr unterschiedlichen Wuchsformen gut sichtbar.

Alter: ab 6 Jahre
Ort: draußen oder drinnen am Fenster
Material: grauer oder hellblauer Ton- und Fotokarton, Kohlestifte (aus dem Bastel- und Künstlerbedarf), evtl. Baumbestimmungsbuch

Die Kinder betrachten die winterlichen Bäume. Jedes Kind sucht sich einen aus und schaut seine Wuchsform an. Mit Kohlestiften zeichnet es die Silhouette des Baumes auf den Karton. Die Zeichnungen hängen die Kinder auf und betrachten sie aufmerksam. Mit Hilfe eines Bestimmungsbuches finden sie gemeinsam heraus, welche Bäume sie gezeichnet haben.

Hinweis
Wichtig ist, dass die Kinder erfassen, dass es viele unterschiedliche Baumformen gibt, die nur im nicht belaubten Zustand so gut zu sehen sind.

Bäume im Winterwind

Die Kinder trainieren bei diesem Spiel ihre Körperbalance. Die Gleichgewichtsübungen stammen aus dem Kinderyoga.

Alter: ab 4 Jahre
Ort: drinnen im Bewegungsraum

Die Kinder verteilen sich im Raum. Die Spielleitung erzählt eine kleine Geschichte, die Kinder stellen das Erzählte dar:
Für die Bäume bedeutet der Winter Ruhezeit, denn dann wachsen sie nicht und tragen keine Blätter und Früchte. All ihre Lebenskraft haben sie in ihren Wurzeln gesammelt. Jetzt sind die Äste und Zweige Wind, Regen, Eis und Schnee ausgesetzt. Stellt euch vor, ihr seid riesige Winterbäume. Die Kinder stellen einen Baum mit dem Körper dar und probieren zunächst den Zehenstand, ohne umzufallen.

Die Spielleitung erzählt weiter: *Es ist ein klarer kalter Wintertag. Noch ist es windstill. Am Himmel ziehen dunkle Schneewolken auf und es weht plötzlich ein eiskalter Wind.* Die Kinder stellen dar, wie der Winterwind ihre ausgebreiteten Arme langsam in Bewegung bringt. Die Füße werden fest aufgestellt, als ob unter den Füßen Wurzeln wachsen würden. Die Arme können die Kinder auf und ab bewegen, sowie nach vorne und nach hinten. Auch der Oberkörper kann vor und zurück schwingen, die Füße bleiben jedoch immer stehen. Wer umfällt oder kippt, setzt sich auf den Boden.

Variante für Ältere
Alle Kinder stehen entweder im Kreis oder zu zweit nebeneinander. Sie fassen sich an den Händen und heben die Arme in die Luft. Nun versuchen alle gleichzeitig ins Gleichgewicht zu kommen und sich auf ein Bein zu stellen.

Aufgefädeltes Tannenbäumchen

Alter: ab 4 Jahre
Ort: drinnen
Material: Stöcke, 1 Gartenschere, Handbohrer, dünne Kordel

Die Kinder schneiden mit Unterstützung der Spielleitung fünf bis sieben verschieden lange Stockabschnitte zu. In die Mitte jedes Stockes bohren sie mit dem Handbohrer ein Loch und fädeln dann die Stöcke nach Größe gestaffelt auf die Kordel auf. Oben und unten gut festknoten!
Die fertigen Bäumchen schmücken draußen die kahlen Bäume und Sträucher oder finden einen Platz im Raum.

Variante
Die Kinder machen Knoten zwischen die einzelnen Stöcke, während sie sie auffädeln.

Nadeln ertasten

Im Winter sind nur die Nadelbäume und manche Sträucher grün. Eine Ausnahme stellt die Lärche dar, denn sie hat im Herbst alle ihre feinen Nadeln abgeworfen.

Alter: ab 4 Jahre
Ort: draußen oder drinnen
Material: je 2 kleine Zweige von Tanne, Blautanne, Fichte, Kiefer, Seidenkiefer und Douglasie, 1 großes Tuch

Die Kinder setzen sich um einen Tisch, in dessen Mitte die Nadelzweige liegen. Der Reihe nach betasten sie die verschiedenen Nadeln und stellen fest, dass es sehr piksende und ganz weiche Nadeln gibt. Dann deckt die Spielleitung die Zweige mit dem Tuch zu. Die Kinder greifen der Reihe nach unter dem Tuch nach einem Zweig und finden durch Tasten den passenden zweiten heraus.

Nadellinien

Die robusten Nadeln der Kiefer sitzen paarweise am Zweig. Sie sind das Ausgangsmaterial für federleichte, schwebende Nadelkunst.

Alter: ab 5 Jahre
Ort: draußen oder drinnen
Material: dünne Kordel oder Wolle, Kiefernadelzweige

Die Spielleitung spannt mit den Kindern zwischen Bäumen oder am Fenster im Gruppenraum lange Wäscheleinen. Die Kinder lösen die Kiefernadeln vom Zweig und hängen sie wie Wäscheklammern eine neben der anderen auf die Kordel. Nach und nach füllen sich die Leinen und bilden scheinbar schwebende Nadellinien.

Lea gestaltet eine Nadellinie

Hinweis
Das Aufhängen erfordert Ruhe, Geschick und Ausdauer, denn bei einer unbedachten Bewegung oder draußen bei einem kleinen Windstoß purzeln die Nadeln leicht von der Leine.

Nadelmandalas

Alter: ab 4 Jahre
Ort: draußen oder drinnen
Material: Kiefernadelzweige, feiner Basteldraht in Gold oder Silber, 1 Tuch

Auf einem Baumstumpf im Wald gestalten die Kinder aus langen Kiefernadeln ein Mandala. Sie legen die Nadeln einzeln, z. B. strahlenförmig zu Mustern zusammen oder binden mehrere Nadeln mit Draht zu Bündeln und gestalten damit Formen und Flächen.

Variante für drinnen
Auf einem Tuch gestalten die Kinder im Gruppenraum ein nadeliges Mandala.

Zapfen
Die Früchte der Nadelbäume heißen Zapfen. Sie entstehen aus den spiralig gebauten Blüten. Nachdem die Blüten im Frühjahr vom Wind mit Pollen bestäubt worden sind, werden sie zu harten, festen Zapfen. Die verholzten Schuppen sind dicht aufeinander gepresst und teilweise mit einer sehr klebrigen Harzschicht überzogen. Die Schuppen der Fichten, Lärchen und Kiefern trocknen bei warmen Temperaturen. Sie öffnen sich und ihre reifen Samen fallen zu Boden. Tannenzapfen zerfallen schon am Baum in einzelne Schuppen. Nur das Zapfeninnere, die Spindel, bleibt am Baum zurück.

Zapfenstraßen

Wenn Kinder sagen, sie hätten einen Tannenzapfen gefunden, meinen sie in der Regel einen Kiefer- oder Fichtenzapfen. Zapfen sind ein robustes Gestaltungsmaterial, das der Winterwald in großen Mengen und großer Vielfalt zum Sammeln bereithält.

Alter: ab 4 Jahre
Ort: draußen oder drinnen
Material: Zapfen verschiedener Nadelbäume, z. B. Fichte, Kiefer, Douglasie, Lebens- und Mammutbaum

- Die Kinder bauen lange gerade oder geschwungene Straßen aus Zapfen.
- Sie legen sie flach auf den Boden oder stecken sie draußen aufrecht in die Erde oder in den Schnee.
- Auch Baumscheiben oder große Rindenstücke lassen sich mit Zapfen ausgestalten.

Es entstehen vielseitige Muster, die beim Benutzen unterschiedlicher Zapfenarten und Zapfengrößen besonders lebendig wirken.

Verzauberte Zapfen

Alter: ab 4 Jahre
Ort: drinnen oder draußen
Material: 20–30 Zapfen, Stift und Papier

In die Tischmitte legen die Kinder 20 bis 30 Zapfen in fünf Reihen. Ein Kind dreht sich um, während ein anderes auf einen beliebigen Zapfen in der Mitte zeigt. Dieser Zapfen ist nun verzaubert, er darf nicht berührt werden. Alle anderen Kinder schauen genau, welcher Zapfen ausgewählt worden ist. Das Kind dreht sich zum Tisch zurück und nimmt nun vorsichtig einen Zapfen nach dem anderen aus der Mitte und legt ihn vor sich hin. Berührt es den verzauberten Zapfen, schreien alle Kinder laut: „Verzaubert!“ Danach darf es keine weiteren Zapfen aus der Mitte nehmen. Die bereits gesammelten Zapfen werden von der Spielleitung als Punkte notiert. Anschließend legen die Kinder alle Zapfen wieder in die Mitte zurück und eine neue Spielrunde beginnt. Wer am Ende die meisten Punkte gesammelt hat, hat gewonnen und bekommt einen Zapfen als Preis.

Julia mit Schmuckzapfen

Variante für draußen
An warmen, sonnigen Tagen kann das Spiel auch gut auf dem Waldboden stattfinden.

Schmuckzapfen

Schmuckzapfen sind eine schöne kleine Geschenkidee für die Advents- und Weihnachtszeit.

Alter: ab 4 Jahre
Ort: drinnen
Material: dicke Kiefer- oder Fichtenzapfen, naturfarbene Märchenwolle, Gold- und Silbersternchen, dünner Gold- oder Silberdraht, Kleber, pro Kind 1 kleiner (Ton-) Topf, etwas Tannen- oder Koniferengrün
Vorbereitung: Die Zapfen einige Tage trocken und warm lagern, dann spreizen sich ihre Schuppen weit auf.

Shona und Giulia beim Spielen mit Zapfen

- Jedes Kind erhält einen Topf und einen Zapfen.
- Die Kinder zupfen vorsichtig etwas Märchenwolle auseinander und schieben sie zwischen die geöffneten Schuppen des Zapfens.
- Sie umwickeln den ganzen Zapfen mit dünnem Draht.
- Sie kleben kleine Sternchen auf den Zapfen und stecken ihn in den Topf.
- Wer mag, gibt zuvor noch ein bisschen Tannen- oder Koniferengrün in den Topf.

Zapfen aus Silberdraht

Zapfen haben eine Spiralform und bestehen aus einzelnen Schuppen, die sich bei Wärme nach oben biegen bzw. bei kalten Temperaturen schließen. Beim Gestalten mit Draht können Kinder dieses Bauprinzip der Natur gut nachempfinden.

Alter: ab 5 Jahre
Ort: drinnen
Material: mittelstarker Silber- oder Aluminiumdraht (Baumarkt), Kneifzange, dicke Astabschnitte, dünnes rotes oder weißes Satinband, Schere

- Die Spielleitung schneidet mit der Kneifzange etwa ein Meter lange Stücke Draht zurecht.
- Die Kinder biegen das ganze Drahtstück in Zickzack-Form auf und ab – das geht von Hand, denn der Draht ist sehr biegsam.
- Das Zickzack-Band wird dann leicht auseinandergezogen und die Kinder wickeln es um den Astabschnitt herum spiralförmig zu einem etwa 12 cm langen „Zapfen“.
- Die letzte Zacke biegt die Spielleitung zu einem kleinen Haken.

Philip biegt Silberdraht

Zapfen aus Silberdraht

- Durch den Haken ziehen die Kinder ein Stück rotes oder weißes Satinband zum Aufhängen.

Zusammen mit echten Zapfen werden sie als Adventsschmuck ans Fenster oder an Tannenzweige gehängt.

Sterne entdecken

Wer findet die unauffällig gefärbten Sterne auf dem winterlich grau-braunen Garten- oder Waldboden?

Alter: ab 4 Jahre
Ort: Außengelände, Park, Wald
Material: Äste oder Strohhalme

Die Kinder bilden zwei Gruppen. Eine Gruppe geht los und legt, ohne dass die anderen es sehen, Äste oder Strohhalme in Sternform auf den Boden, ins Gras, zwischen Wurzeln oder auf winterliches Laubstreu. Anschließend geht die andere Gruppe los und sucht, um möglichst viele Sterne zu entdecken.

Wald im Raum

Mit verschiedenen Naturmaterialien und Fundstücken aus dem Wald lässt sich auch im Raum Winterwaldstimmung zaubern.

Alter: ab 5 Jahre
Ort: Gruppenraum, Flur, Vorraum
Material: große Astabschnitte, Baumscheiben, Wurzeln, Nadelgrün, Rinde, etwas Moos, Laub, Zapfen, „Wald"-Kuscheltiere

Aus den Naturmaterialien bauen die Kinder mit Unterstützung der Spielleitung (oder gemeinsam mit Eltern an einem Elterntag) eine Waldlandschaft. Stabile Äste und kleine Stämme werden aufrecht hingestellt und mit kleineren Ästen abgestützt und verkantet – so kann nichts umfallen. Als Stellfläche eignet sich eine breite Fensterbank oder auch – wenn der Wald größer ausfallen soll – ein ruhiger Flurabschnitt oder ein Vorraum. Die Kinder gestalten den Wald detailreich aus, indem sie auf den Boden eine Laubschicht, etwas Moos, die Wurzeln, Zapfen usw. legen. Von zu Hause bringen sie Wald-Kuscheltiere mit, z. B. eine Maus, ein Eichhörnchen, ein Kaninchen, einen Fuchs, und „beleben" damit den Winterwald.

Hinweis
Die Waldkulisse lädt zu kreativem Rollenspiel mit den Tieren ein. Sie kann auch als Kulisse für den Aufbau einer Weihnachtskrippe dienen.

Zauberwesen im Winterwald

Zehn Winterwaldtrolle

10 lustige kleine Winterwaldtrolle
schlüpfen in winzige Mäntel aus Wolle,
steigen in warme Stiefel hinein,
doch Anton wird wieder der Letzte sein.

9 Winterwaldtrolle mit roten Mützen
springen und rennen und kommen ins Schwitzen,
ziehen den Schlitten durch tiefen Schnee,
doch Kaspar tun die Füße so weh!

8 Winterwaldtrolle mit Stiefeln aus Fell
tanzen im Kreis und drehen sich schnell.
Nur Norik hat sich zu schnell gedreht,
er wurde auf einen Baum geweht.

7 Winterwaldtrolle mit roten Wangen
spielen im eisigen Winterwald Fangen.
Sie haben vom Frost schon ganz rote Nasen
und Tomi kann nicht mehr, er hat Blasen.

6 Winterwaldtrolle, drei kleine, drei große,
essen Vanillepudding mit Soße,
bestreut mit braunem Zucker und Zimt,
nur Janosch hat sich den Magen verstimmt.

5 Winterwaldtrolle füttern am See
die Schwäne und Enten bei Eis und Schnee.
Ein Schwan ist zickig, wird böse und frech
und zwickt den Ansgar ins Bein, so ein Pech!

4 Winterwaldtrolle beobachten gerne
im Winterwald die funkelnden Sterne.
Sie sitzen und staunen im Dunkel der Nacht,
doch Tomte schläft ein bei der funkelnden Pracht.

3 Winterwaldtrolle haben kaum Zeit,
denn bis Weihnachten ist es nun nicht mehr weit.
Sie basteln und werkeln zu später Stunde,
nur Laurin nicht, er schläft noch 'ne Runde.

2 Winterwaldtrolle, ihr glaubt es kaum,
schmücken den großen Weihnachtsbaum!
Dabei wird laut und auch falsch gesungen
und Alberich ist die Brille zersprungen.

1 Winterwaldtroll ist nun ganz allein,
er möcht' gern mit den andern zusammen sein.
Zählt leise ganz langsam von 1 bis 10
und – schwupps – wieder alle vor ihm stehn!

Annemarie Stollenwerk

Spielgedicht: Zehn Winterwaldtrolle

Alter: ab 4 Jahre
Ort: drinnen
Material: „Zehn Winterwaldtrolle" (→ S. 81)

Die Spielleitung liest das Gedicht vor. In der ersten Strophe spricht sie das Wort „Winterwaldtrolle" vor, in allen weiteren Strophen übernehmen die Kinder diesen Part.

Varianten

- Mit älteren Kindern kann das Gedicht strophenweise auswendig gesprochen werden.
- Die Kinder setzen mit kleinen Requisiten und pantomimischem Spiel die einzelnen Strophen in Szene.

Stabpuppen

Aus Ton oder selbst härtender Modelliermasse entstehen individuelle Winterwaldtrolle. Mit den selbst gestalteten Trollen wird das Gedicht „Zehn Winterwaldtrolle" (→ S. 81) in kleinen Szenen dargestellt.

Alter: ab 4 Jahre
Ort: drinnen oder draußen
Material: lange Stöcke, Ton oder selbst härtende Modelliermasse, Kleber; evtl. Stoff

Geheimnisvolle Waldwesen

Kinder sind empfänglich für geheimnisvolle Waldbewohner wie Feen, Elfen, Zwerge, Wichtel, Kobolde und Trolle. Bis etwa zum Eintritt in das Schulalter ist in der Fantasie der Kinder die Natur beseelt. Die kindliche Fantasie findet an verwunschenen Plätzen im Wald, z. B. an Wurzeln, Baumhöhlen und Baumstümpfen sowie in Geschichten und Gedichten über geheimnisvolle Waldbewohner, Anreize zum Gestalten und Spielen.

Aus Ton oder Modelliermasse fertigen die Kinder Köpfe an.

- Ein Klumpen Ton oder Modelliermasse wird zur Kugel gerollt.
- An der Unterseite drücken die Kinder mit dem Finger ein Loch für den Stock hinein.
- Das Ausgestalten der Köpfe bleibt der Fantasie der Kinder überlassen: Es entstehen knubbelige oder lange Nasen, dicke Wangen, große Kulleraugen, fransige Haare, Zipfelmützen usw.
- Zum Trocknen stecken die Kinder die Köpfe auf Stöcke.
- Da Ton beim Trocknen Feuchtigkeit verliert und schrumpft, werden die Köpfe später mit etwas Kleber auf den Stöcken befestigt.

Die Kinder führen mit ihren Stabpuppen auf einer improvisierten Bühne, z. B. über einer Stoffbahn, die in den Türrahmen gespannt wird, ein kleines Winterwaldtroll-Theater auf.

Rotmützen im Schnee

Mützen-Werfen

Die Winterwaldtrolle spielen im Winterwald lustige Spiele – so bleiben sie in Bewegung und trotz Kälte, Eis und Schnee warm.

Alter: ab 4 Jahre
Ort: drinnen oder draußen
Material: 1 Bommelmütze

Die Kinder stellen sich im Kreis auf. Ein Kind geht in die Mitte des Kreises. Die Kinder werfen sich die Bommelmütze geschickt zu, denn auch das Kind in der Mitte möchte unbedingt die Mütze haben! Gelingt es ihm, die Mütze zu fangen, geht das Kind, das geworfen hat, in die Kreismitte und das Werfen beginnt von neuem.

Rotmützen

Winterwaldtrolle und andere Waldwesen wie Feen, Zwerge oder Elfen, führen ein Leben im Verborgenen. Nur ganz selten bekommt man sie zu Gesicht. Ob sie sich vielleicht von weich gepolsterten und schön gestalteten Löchern und Verstecken in Bäumen und Wurzeln anlocken lassen?

Alter: ab 3 Jahre
Ort: Außengelände, Park, Wald
Material: Zapfen von Fichte und Kiefer, kleine Stöcke, Nadelzweige, etwas rote Märchenwolle

Die Kinder suchen nach Wurzelhöhlen, Astlöchern und kleinen Bodenöffnungen. Dort setzen sie Fichten- und Kieferzapfen hinein und gestalten sie mit kleinen Stöcken, Nadelzweigen und etwas roter Märchenwolle zu Winterwaldtrollen aus. Die Verstecke verzieren sie mit Laub, etwas Moos und – wenn vorhanden – mit feinem Pulverschnee.

Stille Weihnachtszeit

Geheimnisvolle Adventszeit

Riesenadventskranz

Der erste Adventskranz hing in einem Waisenhaus in Hamburg. Er bestand aus einem grünen Kranz, auf den 24 Lichter gesteckt waren. Im Lauf der Zeit sind davon nur noch die vier Kerzen zu den vier Adventssonntagen übrig geblieben.

Alter: ab 4 Jahren
Ort: drinnen
Material: 1 rotes oder grünes Tuch, Erdnüsse, Eicheln, Bucheckernhüllen oder Rindenstücke, fester Draht (Ø 1–2 mm), Kneifzange, Gartenschere, dicke Holzkugeln, Hagebutten oder Beeren, Bindedraht, Äste, Strohrohlinge, Wolle, Filz- oder Geschenkband, Zapfen, feste Pappe, Schere, Kleber

Die Spielleitung legt ein schönes Tuch in Rot oder Grün auf einen Tisch. Dort entsteht unter Mithilfe der Kinder bis zum Weihnachtsfest ein Adventskranz aus 24 einzelnen möglichst verschiedenen Kränzen. Jeden Tag fertigt ein Kind nach seinen Vorstellungen einen kleinen Kranz und legt ihn auf das Tuch. So wächst der Kranz mit jedem Tag ein kleines Stück, bis am Ende die 24 Kränze davon erzählen, dass das Weihnachtsfest vor der Tür steht.

Die Kinder gestalten Kränze, indem sie

- Erdnüsse, Eicheln, Bucheckernhüllen oder Rindenstücke auf Draht ziehen und zum Kreis schließen.
- dicke Holzkugeln, Hagebutten oder Beeren auf Draht aufziehen und zum Kreis schließen.
- Äste von Birke und Weide zum Kreis schließen und mit Bindedraht fixieren.
- kleine Strohrohlinge aus dem Bastelladen mit Wolle, Filz- oder Geschenkband umwickeln.

- Draht zum Ring biegen und verzwirbeln, mit kleinen Büscheln von Tannen- oder Koniferengrün umwickeln.
- aus fester Pappe Ringe ausschneiden und mit kleinen Zapfen von Kiefer, Erle, Wacholder usw. bekleben.

Variante
Der Adventskranz wird zum Leuchten gebracht, wenn in jedem einzelnen Kranz eine Kerze oder ein Teelicht steht und angezündet wird.

Adventswald aus Zapfen

Ein Adventswald aus Zapfen ist eine andere Form des bekannten Adventskalenders mit Türchen oder Päckchen.

Alter: ab 3 Jahre
Ort: drinnen
Material: flache Schale, Knete oder Steckmasse (Blumenladen), 24 Fichten- oder Kieferzapfen, etwas Tannengrün, Moos, Metallfolie, 1 Kugelschreiber, 1 dicke Lage gefaltetes Zeitungspapier, Kleber

- Die Schale wird mit einer Schicht Knete oder Steckmasse gefüllt.
- Dort hinein setzen die Kinder 24 Zapfen – für jeden Tag der Adventszeit einen.
- Die Zwischenräume füllen sie mit kleinen Tannenzweigen und etwas Moos.
- Jeden Tag fertigt ein Kind einen Stern aus Metallfolie an und schmückt damit einen der „Zapfenbäume".
- Dazu wird eine Sternform auf die Folie gemalt.
- Die Folie legen die Kinder auf eine dicke Lage Zeitungspapier und drücken mit dem Kugelschreiber kleine Muster in den Stern.
- Den fertigen Stern kleben sie mit etwas Kleber auf die Zapfenspitze oder an die Seite des Zapfens.

Am Ende der Adventszeit ist jeder „Zapfenbaum" geschmückt und das Weihnachtsfest steht vor der Tür.

Ein Winterwunder

In dieser ruhigen Bewegungsgeschichte spielen die Kinder einen Kirschbaum, der wie durch ein Wunder im Winter plötzlich zu blühen beginnt. Hintergrund dieser Fantasiegeschichte ist das Brauchtum der Barbarazweige, die nach alter Tradition am 4. Dezember – am Namenstag der Hl. Barbara – ins warme Haus gestellt werden. Werden sie regelmäßig mit frischem Wasser versorgt, erblühen sie zu Weihnachten.

Alter: ab 3 Jahre
Ort: drinnen
Material: leise Entspannungsmusik

Die Kinder stehen verteilt im Raum. Sie lauschen der Entspannungsmusik und werden ganz ruhig. Die Spielleitung erzählt die Geschichte vom Winterwunder und macht die Körperübungen vor:

Stellt euch vor, ihr seid ein Kirschbaum im Winter.	die Arme waagerecht ausstrecken, das sind die Äste.
Es ist kalt, sehr kalt. Schnee liegt auf den Zweigen und der Winterwind lässt eure Äste hin und her schaukeln.	die Arme ausgestreckt lassen und auf und ab bewegen.
Der kalte Frost kommt über Nacht. Eure Äste werden ganz starr und steif.	die Arme und Hände fest anspannen.
Es beginnt zu schneien. Der Schnee bedeckt eure Äste. Sie werden immer schwerer und sinken hinab.	die Arme langsam nach unten sinken lassen.
Euer Kirschbaum wird immer müder und schläft ein.	in die Hocke gehen und sich schlafend stellen.
Im Traum begegnet euch eine Sonnenstrahlenfee. Sie schickt warme Sonnenstrahlen. Von den Wurzeln strömt die Sonnenwärme den Baumstamm hinauf bis in jeden feinen Ast.	langsam wieder aufrichten.
Die winzigen Knospen an euren Zweigen werden immer dicker.	langsam die Fäuste ballen.
Mit einem kleinen Ruck platzen die Knospen auf.	die geballten Fäuste öffnen.
Aus den Knospen wachsen zarte kleine Blüten.	langsam einen Finger nach dem anderen ausstrecken.
Etwas Geheimnisvolles ist geschehen. Mitten im Winter trägt euer Kirschbaum wie durch ein Wunder Blüten!	

Winterblütenzweige basteln

Alter: ab 5 Jahre
Ort: drinnen
Material: kahle Zweige, Filz in Rosa und Weiß, Schere, Kleber, Stifte

- Die Spielleitung malt Blütenköpfe auf den Filz.
- Die Kinder schneiden die Blütenköpfe aus und nutzen sie als Vorlage für weitere Blüten.
- Jeder Blüte wird ein kleiner ausgeschnittener Kreis aus einem Filzrest in die Mitte geklebt.
- Die Kinder kleben die Blütenköpfe an die kahlen Zweige und stellen sie in eine Vase.
- Sie erinnern an echte Barbarazweige (➜ S. 86) vom Kirschbaum im Garten.

Winterschmaus mit dem Nikolaus

Wer geht im Dunkeln noch hinaus?
Ich glaub', es ist der Nikolaus!
Er trägt den schweren, vollen Sack
auf seinem Rücken huckepack.
Drin stecken Nüsse für die Maus
als Vorrat für ihr Mäusehaus,
ein Bündel Heu für Hirsch und Reh
als Knabberei bei Eis und Schnee,
für Spatz und Meise leck're Kerne,
die mögen sie besonders gerne,
und dicke Möhren für die Hasen
mit ihren kalten Winternasen …
Der Nikolaus beginnt zu suchen,
zieht aus dem Sack noch einen Kuchen
und eine Kanne heißen Tee,
die stellt er in den kalten Schnee:
Und dann beginnt der Winterschmaus
der Tiere mit dem Nikolaus.

Annemarie Stollenwerk

Nikolaus anlocken

Wo steckt nur der Nikolaus? Kommt er heimlich über Nacht? Vielleicht lockt ihn der Anblick von kunstvoll geschmückten Stiefeln an.

Alter: ab 4 Jahre
Ort: Außengelände, Park, Wald
Material: 1 Gummistiefel pro Kind, Naturmaterialien (z. B. Zweige, Tannengrün, Zapfen, Beeren, Gras, Moos), evtl. Schnee, 1 kleine Süßigkeit

Die Kinder füllen ihren Stiefel mit verschiedenen Naturmaterialien. Sie stecken Schnee, Laub und Zweige in den Stiefel und dekorieren ihn mit Zapfen, Beeren, Gras, Moos oder Schnee. Dann suchen sie für den Stiefel einen besonderen Platz, den der Nikolaus gut entdecken kann, z. B. einen Baumstumpf, eine Baumhöhle, eine dicke Kugel aus Schnee, einen besonders geformten Baumstamm oder eine Lücke zwischen zwei Bäumen. Über Nacht spielt die Spielleitung Nikolaus und verteilt kleine Süßigkeiten in die Stiefel. Am nächsten Morgen schauen die Kinder nach, ob der Nikolaus da gewesen ist und ihnen etwas in die toll geschmückten Stiefel gelegt hat.

Abzählreim

1 + 2 *Wer stapft denn da herbei?*
3 + 4 *Es bollert an der Tür!*
5 + 6 *Die Türe klemmt, verhext!*
7 + 8 *Ich hab' sie aufgemacht!*
9 + 10 *Ich seh' den Niklaus stehn!*

Annemarie Stollenwerk

Joena und Mariella mit Nikolausstiefel

Lucas Stiefel ist voll Schnee

Nikolausstaffel

Alter: ab 4 Jahre
Ort: drinnen
Material: 2 Stühle, 2 Mäntel, 2 Mützen, 2 Paar Handschuhe, 2 Paar Gummistiefel, 2 Jutesäcke
Vorbereitung: eine Start-, eine Ziel- und eine Wendelinie markieren, an den Start für jede Gruppe auf einem Stuhl je einen Mantel, eine Mütze, ein Paar Handschuhe, ein paar Gummistiefel und einen Jutesack legen

Die Kinder bilden zwei Gruppen. Die Spielleitung hat eine Start-, eine Ziel- und eine Wendelinie markiert. Am Start liegen für jede Gruppe auf einem Stuhl ein Mantel, eine Mütze, ein Paar Handschuhe, ein paar Gummistiefel und ein Jutesack. Auf ein Zeichen beginnen die jeweils ersten Kinder jeder Mannschaft damit, sich als Nikolaus zu verkleiden. Haben sie alle Kleidungsstücke angezogen, nehmen sie den Sack auf den Rücken, laufen bis zur Wendelinie, kehren um und ziehen am Ziel alle Kleidungsstücke wieder aus. Dann ist der nächste „Nikolaus" an der Reihe. Welche Gruppe ist zuerst mit der Nikolausstaffel fertig?

Socken-Tast-Memory

Alter: ab 3 Jahre
Ort: drinnen
Material: viele Socken, mehrere Gegenstände paarweise, z. B. Walnüsse, Erdnüsse, Mandarinen, Zapfen, Steine oder Spielfiguren, Wollknäuel, kleine Kerzen, Geschenkband

Die Kinder stecken jeweils einen Gegenstand in eine Socke und binden sie mit Geschenkband zu. Sie legen alle Socken auf einen Tisch oder in die Mitte des Stuhlkreises. Reihum nehmen die Kinder eine Socke in die Hand, ertasten, was darin steckt, und suchen die passende zweite Socke mit dem gleichen Gegenstand.

Hokuspokus für den Nussknacker

Es war eine Nacht im Dezember. Alle schliefen. Im Haus duftete es nach Tannengrün, Kerzenwachs und selbst gebackenen Plätzchen. Kein Geräusch war zu hören bis auf das leise Ticken der Küchenuhr. Der Mond schien hell durch das Fenster. Die großen weißen Zähne des Nussknackers auf der Fensterbank leuchteten im Mondlicht.

Der Nussknacker klapperte mit seinem hölzernen Gebiss und stöhnte leise. „Was‘n' los?“, brummte der Elch. Er stand neben dem Nussknacker auf der Fensterbank. In seinem prächtigen Geweih steckte eine rote Kerze. „Kannst du auch nicht schlafen?“, fragte er. „Ach, wenn es nur das wäre!“, seufzte der Nussknacker. „Ich habe Zahnschmerzen! Zwischen meinen Zähnen klemmt ein Stück Nussschale!“

Am Nachmittag des ersten Advents hatte der Nussknacker viele Nüsse knacken müssen: Eine Nuss nach der anderen hatten Lea und Jonas in seinen Mund geschoben. Sie hatten gekichert und gelacht, wenn die leckeren Nusskerne herauspurzelten. Doch ein Nussknacker mit Zahnschmerzen konnte keine Nüsse knacken. Wie sollte das erst am Nikolaustag werden? Der Nikolaustag war doch das Fest für Nussknacker! Der Nussknacker verzog das Gesicht vor Schmerz. Sein strahlendes Nussknackerlächeln war verschwunden. „Du hast Zahnschmerzen?“ Mit einem Satz sprang Oskar der Kater auf die Fensterbank. Er streckte sich und leckte mit der Zunge über sein rotbraunes Fell. Dann musterte er das Gesicht des Nussknackers. „Du siehst schlimm aus“, sagte er. „Lass mich überlegen, wie wir dir helfen können.“ Oskar der Kater legte den Kopf auf seine Pfoten: „Ich habe eine Idee. Lea und Jonas benutzen jeden Tag so eine komische Bürste für ihre Zähne. Sie steht im Badezimmer. Vielleicht bekommen wir damit die Nussschale aus deinen Zähnen. Ich flitze mal schnell und hole sie!“ Im Badezimmer rumpelte es. Dann war alles wieder still. Oskar kam mit einer knallgelben Zahnbürste im Maul zurück. „Komisches Ding!“, sagte er, „riecht nach Pfefferminz!“ Vorsichtig schrubbte der Kater mit der Zahnbürste über die Zähne des Nussknackers – so wie er es bei Lea und Jonas gesehen hatte. Doch die Nussschale saß fest, zu fest. „Geht nicht“, sagte er enttäuscht, „wir müssen uns etwas anderes einfallen lassen.“ Oskar dachte angestrengt nach. „Du hast doch spitze Krallen“, meldete sich der Elch, „versuch es mal damit!“ „Gute Idee!“, rief Oskar und fuhr seine langen scharfen Krallen aus. Der Nussknacker stöhnte leise auf. „Keine Angst, ich bin ganz vorsichtig“, versprach Oskar und kratzte so behutsam, wie er nur konnte, an der eingeklemmten Nussschale herum. „Verdammt, die sitzt aber fest!“, fluchte der Kater. „Es hat keinen Zweck, ich kriege sie nicht raus!“ Dem Nussknacker liefen dicke Tränen über die Wangen. „Zaubern müsste man können“, murmelte der Elch ratlos. „Zaubern? Das ist die Idee!“, rief Oskar. Vor Begeisterung hätte er beinahe mit seiner Pfote den Elch von der Fensterbank gefegt. „Lea hat eine kleine Elfe mit Zauberstab. Mit der spielt sie oft. Sie sitzt im Spielzimmer auf dem Regal.“ Wie ein Blitz flitzte Oskar los. Er drückte die Tür zum Spielzimmer auf und sprang mit einem Riesensatz gegen den Lichtschalter an der Wand. Sofort ging die helle Deckenlampe an. „He, was soll das!“, kreischten die Spielsachen wild durcheinander, „Warum weckst du uns mitten in der Nacht?“ „Leise!“, fauchte Oskar und machte einen drohenden Buckel. „Ihr weckt ja das ganze Haus auf mit eurem Geschrei! Ich muss mit der kleinen Elfe sprechen. Der Nussknacker hat Zahnschmerzen und braucht dringend Hilfe.“ Verschlafen schaute die kleine Elfe vom obersten Regalbrett herunter. Ihr rosa Kleid war zerknittert und ihre blonden Locken standen nach allen Seiten vom Kopf ab. Doch in ihrer Hand sah Oskar den Zauberstab mit dem goldenen Stern an der Spitze funkeln. Oskar kletterte aufs Regal und setzte sich neben die kleine Elfe. Er schnurrte: „Kannst du mit dem Ding da zaubern?“ Mit seiner Pfote zeigte er auf den Zauberstab. Die kleine Elfe rieb sich die Augen und antwortete: „Weißt du, ich bin eine sehr kleine Elfe und übe das Zaubern noch.“ Oskar bettelte: „Versuch es bitte, der Nussknacker hält seine Schmerzen nicht mehr aus!“ Vorsichtig kletterte die kleine Elfe auf Oskars Rücken. Er trug sie rasend schnell in die Küche. „Schau mal, wen ich dir mitgebracht habe!“, sagte er zum Nussknacker. Der Nussknacker versuchte, die kleine Elfe anzulächeln. Sie sah sofort, dass er wirklich schlimme Schmerzen hatte. Die kleine Elfe streichelte dem Nussknacker leicht über den Arm und sagte: „Ich weiß nicht, ob ich es schaffe, dir zu helfen, aber ich will es auf jeden Fall versuchen!“ „Das wird schon klappen!“, munterte Oskar sie auf. „Wir drücken dir ganz fest die Daumen!“ Die kleine Elfe hob ihren Zauberstab und schloss die Augen. „Halt!“ rief sie. „Ich brauche mehr Licht!“ Und dabei schielte sie auf die Kerze, die der Elch in seinem Geweih trug. Sie hob den Zauberstab und murmelte leise vor sich hin … und schwupps! Die Kerze auf dem Kopf des Elches war entzündet! „Super!“, rief Oskar. Die Augen der kleinen Elfe leuchteten. „Du musst ganz ruhig stehen bleiben!“, sagte sie zum Elch. „Klar, mach ich!“, flüsterte er gespannt. Er war immer noch fasziniert von der Zauberei, die die Kerze in seinem Geweih zum Brennen gebracht hatte.

Die kleine Elfe schaute dem Nussknacker fest in die Augen. Dann schwang sie mit der rechten Hand den Zauberstab, drehte sich auf dem linken Bein einmal um sich selbst und sagte laut: „Hokuspokus, harte Nuss, mit den Schmerzen ist jetzt Schluss!“ Doch was war das?! Der Nussknacker hatte keinen Bart und keine Mütze mehr! „O je, was hab ich gemacht!“, rief die kleine Elfe verzweifelt. Der Bart baumelte an ihrem Kinn und die Mütze saß auf Oskars Kopf! „Schnell, ich muss es gleich noch einmal versuchen! Natürlich, ich muss mich ja auf dem rechten Bein im Kreis drehen! Wie dumm von mir!“ Wieder schwang sie den Zauberstab, drehte sich jetzt auf dem rechten Bein und murmelte: „Hokuspokus, harte Nuss, mit den Schmerzen ist jetzt Schluss!“ Im selben Augenblick prasselte ein Erdnussregen auf die Fensterbank! Doch dafür waren Mütze und Bart wieder dort, wo sie ursprünglich saßen. „Oh nein, oh nein!“, jammerte die kleine Elfe, „ich halte den Zauberstab in der falschen Hand.“ Schnell schwang sie den Zauberstab in der linken Hand, drehte sich auf dem rechten Bein und rief so laut sie konnte: „Hokuspokus, harte Nuss, mit den Schmerzen ist jetzt Schluss!“ Es machte laut Plopp und die Nussschale zwischen den Zähnen des Nussknackers flutschte heraus und purzelte auf die Fensterbank.

„Du hast es geschafft!“, brüllte Oskar. Er machte vor Freude Luftsprünge und drehte sich übermütig im Kreis. Der Elch konnte nicht mehr still stehen. Er schüttelte sein Geweih und rief immer wieder: „Superzauber! Superzauber!“ Bei dem Gezappel ging natürlich die Kerze aus. Die kleine Fee hielt noch immer ihren Zauberstab in die Luft. Ihre Wangen leuchteten ganz rot. Und der Nussknacker konnte sein Glück gar nicht fassen. Er lachte sein breitestes Nussknackerlächeln, zwinkerte der kleinen Elfe zu und pfiff vergnügt vor sich hin: „Lustig, lustig, tralleralala, bald ist Nikolausabend da!“

Müde und überglücklich schliefen alle auf der Fensterbank ein.

Am nächsten Morgen wunderten sich Lea und Jonas sehr. „Wo kommen denn die vielen Erdnüsse auf der Fensterbank her? War der Nikolaus schon da?“, fragte Jonas. „Warum sitzt meine kleine Elfe neben dem Nussknacker auf der Fensterbank?“, wollte Lea wissen. Sie werden es nie erfahren.

Der Nussknacker zeigte wie immer seine großen Zähne. Wenn man genau hinsah, saßen sein Bart und seine Mütze noch ein bisschen schief. Doch das störte ihn nicht. Seine Zahnschmerzen waren verschwunden und er freute sich riesig auf den Nikolaustag!

Annemarie Stollenwerk

Erich, der Elch

Aus verzweigten Ästen, Wurzeln und Holzstücken entstehen fantastische Elche mit Geweih.

Alter: ab 4 Jahre
Ort: draußen und drinnen
Material: verzweigte Äste, Wurzeln, Holzabschnitte, dünner Bindedraht

Auf einem Winterspaziergang sammeln die Kinder verzweigte Äste, Wurzeln und Holzabschnitte. Aus den Materialien bauen sie einen Elch, wie er auf dem Foto zu sehen ist. Die fertig gestellten Elche finden einen Platz auf der Fensterbank oder im Garten.

Erich, der Elch

Naschbild mit Nüssen

Nüsse gibt es in vielen verschiedenen Sorten und Formen. Die meisten Kinder kennen Walnüsse, Erdnüsse und Haselnüsse. Doch welche Sorten sind unter den harten Schalen verborgen?

Alter: ab 4 Jahre
Ort: drinnen
Materialien: verschiedene Nüsse in der Schale (z. B. Walnüsse, Haselnüsse, Erdnüsse, Paranüsse, Pistazien, Mandeln), 1 großes Tuch, Nussknacker

Die Spielleitung breitet die verschiedenen Nusssorten auf dem Tisch aus. Die Kinder benennen die Nüsse, die sie kennen und entdecken dabei auch weniger bekannte, exotische Exemplare. Gemeinsam legen sie aus der Vielfalt der Nüsse auf einem großen Tuch ein adventliches Bild, z. B. einen Kranz, einen Stern oder einen Tannenbaum. Nach gebührender Würdigung des Legebildes knacken die Kinder die Nüsse und probieren sie!

Nussgeklapper

Genaues Hören erfordert Ruhe und Konzentration. Mit diesem Spiel wird der Hörsinn der Kinder geweckt und gefördert.

Alter: ab 4 Jahre
Ort: drinnen
Material: 1 Plätzchendose aus Blech, Erdnüsse in der Schale

Die Spielleitung legt fünf Erdnüsse in die Blechdose. Sie schließt den Deckel und schüttelt die Dose. Die Kinder hören mit geschlossenen Augen, welches Geräusch die Nüsse in der Dose machen. Ohne dass die Kinder es sehen, nimmt die Spielleitung in der nächsten Spielrunde Nüsse aus der Dose oder fügt weitere hinzu. Durch aufmerksames Hören finden die Kinder heraus, ob sich viele oder wenige Nüsse in der Dose befinden.

Lichterumzug

In den skandinavischen Ländern, vor allem in Schweden, wird am 13. Dezember das Luciafest gefeiert. Traditionell bringt die jüngste Tochter, verkleidet als Lucia mit weißem Gewand und einer Lichterkrone auf dem Kopf, den anderen Familienmitgliedern das Frühstück ans Bett. Lucia bedeutet übersetzt „die Leuchtende". Sie bringt Licht ins Winterdunkel.

Alter: ab 3 Jahre
Ort: drinnen und draußen
Material: 1 leeres Marmeladenglas pro Kind, weißes Seidenpapier, Kleber, Sternchen zum Aufkleben, Schere, Teelichter, 1 weißes Gewand oder Betttuch, 1 rotes Band (als Gürtel)

- Jedes Kind beklebt sein Marmeladenglas von außen mit weißem Seidenpapier.

Stille erleben mit Kindern

Stilleerfahrungen sind selten geworden. Überall blinken und flimmern Lichter, Handyklingeltöne und laut geführte Gespräche beschallen beinahe jeden öffentlichen Raum. In den Kinderzimmern sind oft mehrere elektronische Geräte gleichzeitig im Einsatz. Da bleibt für das Spüren und Wahrnehmen des eigenen Körpers und das Mitfühlen mit anderen Menschen nur wenig Raum. Stilleübungen, Wahrnehmungsübungen für alle Sinne, Zeit zum Zuhören und Zeit für kleine Massagen wirken wohltuend und entspannend und geben Gelegenheit zur Reizverarbeitung. Sie stärken die Kinderseelen, weil Kinder Zeit brauchen, sich selbst und andere zu spüren.

Amandeep flüstert Mia ein Geheimnis ins Ohr

- Die überstehenden Ränder werden abgeschnitten.
- Die Kinder kleben kleine Sterne auf das weiße Seidenpapier und stellen ein Teelicht hinein.

Wenn es dunkel wird, kann der Lichterumzug drinnen oder draußen stattfinden. Ein Kind verkleidet sich als Lucia mit weißem Gewand und rotem Band um die Taille. Alle Teelichter in den Gläsern werden angezündet und die Kinder verteilen sich in der Dunkelheit. Von überall her sieht man nur noch die Lichter leuchten, ansonsten ist es dunkel. Lucia geht nun mit ihrem Licht in der Dunkelheit von einem Kind zum nächsten und sammelt alle Kinder zu einem gemeinsamen Lichterumzug. Lucia führt, die anderen folgen ihr. Die Spielleitung bittet die Kinder, bei diesem Stillespiel ganz leise zu sein.

Lichterkrone balancieren

Auch bei diesem Spiel kommen die Kinder zur Ruhe. Sie balancieren wie Lucia ein Licht auf dem Kopf und müssen sich dafür gut konzentrieren.

Alter: ab 4 Jahre
Ort: drinnen
Material: 1 Kissen, 1 Teelicht, roter und gelber Tonpapierrest, Schere, Stoffbeutel, farbige Spielsteine, 1 weißer Spielstein, 1 weißes Gewand oder Betttuch, 1 rotes Band
Vorbereitung: eine rot-gelbe Flamme aus Tonpapier schneiden und an einen Teelichtdocht kleben, verschiedenfarbige Spielsteine in einen Stoffbeutel geben

Nazlin mit der Lichterkrone

Die Kinder setzen sich in den Stuhlkreis und reichen den Stoffbeutel mit verschiedenfarbigen Spielsteinen herum. Einer davon ist weiß. Wer den weißen Stein zieht, darf die Lucia spielen. Er oder sie zieht das weiße Gewand an und bekommt das Kissen mit dem Teelicht und der geklebten Flamme vorsichtig auf den Kopf gelegt. Lucia geht eine Runde im Innenkreis und balanciert das Licht so, dass sie es möglichst nicht verliert.

Till überreicht Emma ein Licht

David überreicht Aymann ein Licht

Stillespiel: Lichterkreis

Ein geschlossener Kreis symbolisiert seit Generationen Gemeinschaft. In der dunklen Winterzeit rücken die Menschen gerne enger zusammen, um Gemeinschaft zu erleben. Beispiele dafür sind der Adventskranz, der sein Kerzenlicht von Woche zu Woche vermehrt, und der runde Lichterkranz, den Lucia in Schweden auf dem Kopf trägt.

Alter: ab 4 Jahre
Ort: drinnen im Stuhlkreis
Material: 1 dicke Stumpenkerze oder 1 Teelicht im Glas, Feuerzeug

Die Kinder sitzen im Stuhlkreis. In der Kreismitte steht eine Stumpenkerze oder ein Teelicht im Glas. Die Spielleitung zündet die Kerze an und gibt den Kindern die gemeinschaftliche Aufgabe, die brennende Kerze so vorsichtig wie möglich von Kind zu Kind im Kreis weiter zu reichen. Es soll dabei nicht gesprochen werden und es sollte kein Kerzenwachs zu Boden tropfen. Die Kinder schauen sich bei der Kerzenübergabe an.

Hinweis
Diese meditative Übung stärkt das Gemeinschaftsgefühl und vermittelt eine feierliche Stimmung.

Lichterschiffchen

Lichterschiffchen sind eine besondere Form, um Wünsche auf die Reise zu schicken. Im Schweizer Kanton Graubünden feiert man zur Wintersonnwende am 29. Dezember das Fest Glümeras. Die Dorfbewohner setzen kleine Schiffchen in den Dorfbrunnen und zünden Teelichter darin an. Mit den leuchtenden Schiffchen schicken sie ihre Sorgen, aber auch ihre geheimen Wünsche auf die Reise. Eine stimmungsvolle Aktion für einen Eltern- und Familiennachmittag in der Adventszeit.

Alter: ab 5 Jahre
Ort: drinnen oder draußen
Material: wasserfestes farbiges Faltpapier, Teelichter, 1 Feuerzeug, 1 kleines Planschbecken oder 1 mit Wasser gefüllte Sandmuschel

Luis überreicht Chloé ein Licht

Die Kinder basteln gemeinsam mit den Eltern aus wasserfestem Papier kleine Schiffchen und stellen ein Teelicht hinein. Der Reihe nach nehmen Kinder und Erwachsene ein Schiffchen, setzen es vorsichtig und in Stille aufs Wasser und zünden das Teelicht darin an. Die Spielleitung lädt alle dazu ein, jedem Schiffchen einen Wunsch mit auf die Reise zu geben. Nach und nach füllt sich das Wasser mit leuchtenden Schiffchen und verbreitet festlichen Glanz. Am Ende der Aktion kann gemeinsam ein Weihnachtslied gesungen werden.

Teelicht-Feuersprung

In vielen Kulturen gehören Feuersprünge zum festen Brauchtum. Die Kraft des Feuers soll auf den „Feuerspringer" übergehen und ihm Glück bringen. Winterfeuer werden ab dem Martinstag am 11. November entzündet und fördern das Gemeinschaftserleben. Auch in der Heiligen Nacht werden mancherorts Weihnachtsfeuer entzündet.

Luna wagt den Feuersprung

Alter: ab 3 Jahre
Ort: drinnen und draußen
Material: leere Marmeladengläser, Kleber, Transparentpapier in Rot, Gelb und Orange, Teelichter, Stabfeuerzeug, Stöckchen

Die Kinder reißen rotes, gelbes und oranges Transparentpapier in Streifen und bekleben die Gläser damit, so dass die Streifen wie Feuerzungen aussehen. Mit Hilfe der Spielleitung entzündet jedes Kind ein Teelicht in seinem Glas. Die Spielleitung stellt die leuchtenden „Feuergläser" in der Kreismitte so auf, dass die Kinder sie überspringen können – entweder in einer langen Reihe oder alle Kinder springen abwechselnd über ein kleines „Teelichtfeuer". Um die Gläser legen die Kinder kleine gesammelte Stöcke, damit es wie ein Lagerfeuer aussieht, aber zum Überspringen ungefährlich ist.

Tipp
Die kleinsten Kinder an die Hand in die Mitte zwischen zwei Erwachsene nehmen und mit ihnen gemeinsam springen oder sie springen lassen, um ein Stolpern und damit die Gefahr des Umkippens des brennenden Teelichtglases zu verhindern.

Massagespiel: Plätzchen backen

Bei dieser Partnermassage können sich die massierten Kinder entspannen.

Alter: ab 3 Jahre
Ort: drinnen
Material: Matten oder Decken, Entspannungsmusik

Die Kinder bilden Paare. Ein Kind legt sich auf den Bauch auf eine weiche Unterlage. Das Partnerkind kniet sich daneben. Die Spielleitung leitet die Massage an und gibt die Massageanweisungen.

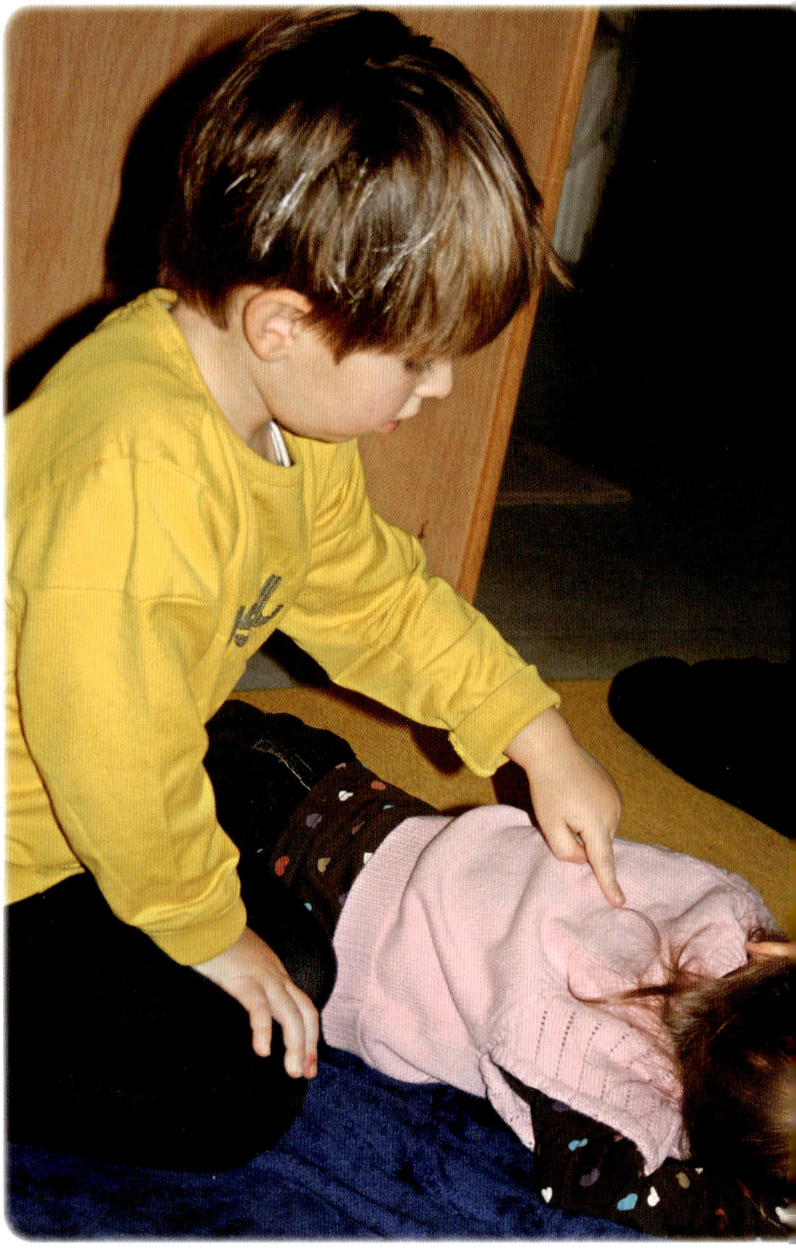

Luis massiert ganz vorsichtig

Zuerst wird der Plätzchenteig gerührt:	Fäuste bilden und mit beiden Faustunterseiten in kreisenden Bewegungen über den Rücken gleiten.
Nun beginnt das Teigkneten:	Mit den Fingerkuppen den Rücken von oben nach unten kneten.
Noch etwas Mehl dazu geben:	Mit den Fingerspitzen über den Rücken tippen, dann mit den flachen Händen über den Rücken reiben.
Wieder gut kneten:	Mit den Fingerkuppen beide Rückenseiten kneten.
Der Teig wird ausgerollt:	Mit ausgestrecktem Unterarm sanfte Rollbewegungen über den Rücken machen.
Mit Förmchen Plätzchen aus dem Teig „stechen":	Mit dem Zeigefinger einen Stern, einen Mond, ein Herz oder einen Tannenbaum auf den Rücken malen. Das massierte Kind errät die gemalte Form.
Nun werden die Plätzchen mit Zuckerguss bepinselt:	Über den Rücken kribbeln und krabbeln.
Zum Schluss kommen die Plätzchen in den Ofen und werden gebacken:	Beide Hände flach auf den Rücken legen und halten, bis das massierte Kind die Wärme im Rücken spürt.

Achtung
Die Spielleitung zeigt den Kindern die Wirbelsäule in der Rückenmitte und erklärt, dass sie nur die beiden Rückenseiten rechts und links neben der Wirbelsäule massieren sollen, die Wirbelsäule aber auf keinen Fall.

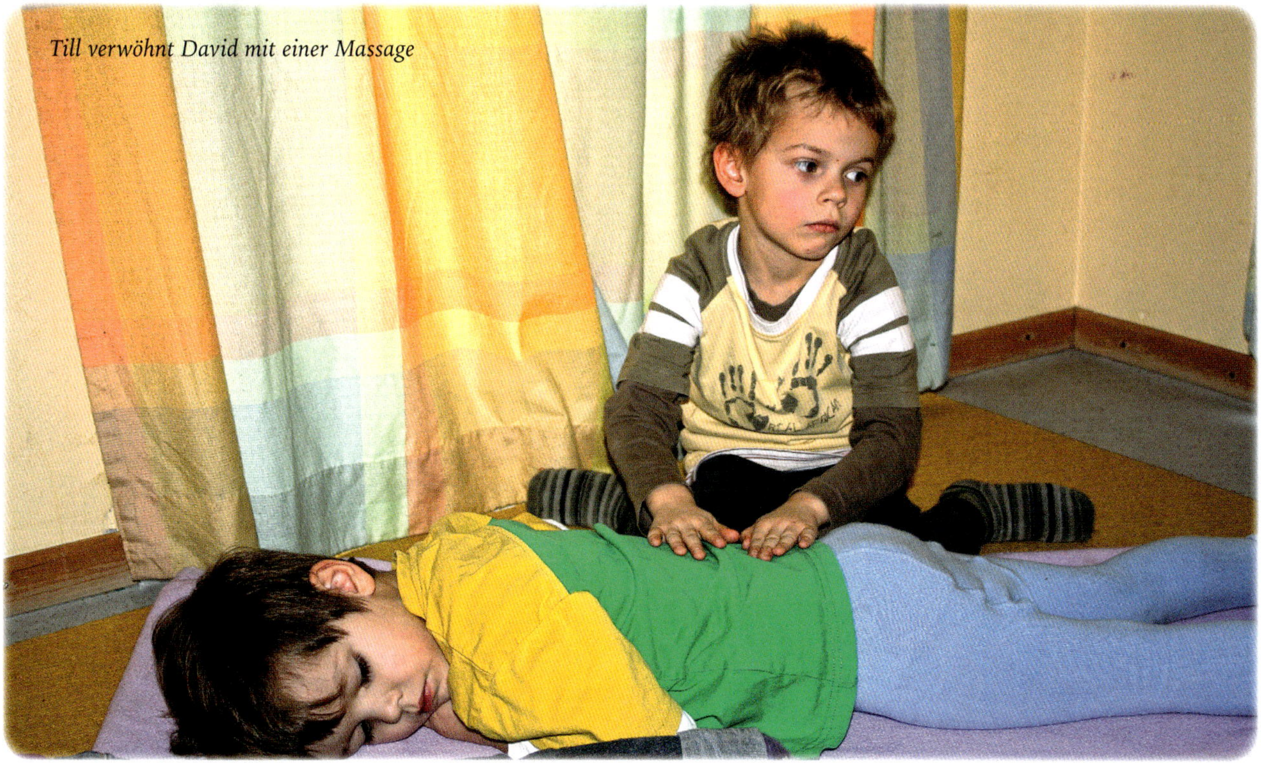

Till verwöhnt David mit einer Massage

Weihnachtssterne

Das Märchen vom Weihnachtssternchen

Viele Lichterketten auf der Erde leuchteten so hell, dass ihr Licht bis hinauf zum Sternenhimmel strahlte. Es war Weihnachtszeit. Ein kleines Sternchen schaute jeden Abend neugierig von seinem Himmelshaus zur Erde hinab. Es konnte sich nicht satt sehen an den unzählig strahlenden Lichtpünktchen. Und so geschah es, dass es sich eines Abends zu weit über den Himmelsrand hinaus beugte, um noch mehr Lichtpünktchen zu entdecken ... Und da geschah es! Das kleine Sternchen verlor das Gleichgewicht und sauste in einem langen freien Fall in Lichtgeschwindigkeit hinab in die Tiefe bis auf die Erde.

Zum Glück hatte es in der Nacht zuvor geschneit und eine weiße Schneedecke bedeckte die Erde. So landete das kleine Sternchen weich im tiefen Schnee und blieb unverletzt. Ein Hirtenjunge, der draußen auf dem Hügel seine Schafe hütete, sah das kleine Sternchen mit strahlendem Schweif vom Himmel fallen. Er eilte sofort herbei, um zu helfen. Als er das Sternchen im kalten Schnee liegen sah, bekam der Hirtenjunge Mitleid. Vorsichtig hob er es auf. Es leuchtete nur noch sehr schwach. Deshalb schob es der Hirtenjunge unter seinen dicken Wollmantel, um es warm zu halten und damit es nicht erfror.

So hat der Hirtenjunge dem kleinen Sternchen das Leben gerettet und die beiden wurden Freunde.

Regina Bestle-Körfer

Sterne filzen

Trockenfilzen erfordert viel Konzentration und Achtsamkeit im Umgang mit der Filznadel und ist nur unter Aufsicht zu empfehlen.

Alter: ab 5 Jahre, in kleinen Gruppen
Ort: drinnen
Material: gelb gefärbte Schafschurwolle, kleine Stücke rote oder orange Filzwolle, Filznadeln, halbierte Korken, viele Stern-Ausstechförmchen, pro Kind 1 Unterlage (1 dicker Packen Zeitungen oder 1 dicker Schwamm)

- Die Spielleitung sticht jede Filznadel einmal durch einen halbierten Korken hindurch, so können die Kinder die Nadel besser festhalten. **Vorsicht, sie ist sehr spitz!**
- Von der gelben Schafschurwolle zupft jedes Kind viele kleine Stücke ab und steckt sie in ein Ausstechförmchen hinein, das auf einer Unterlage liegt.
- Mit der Filznadel sticht es immer wieder in die Wolle im Ausstechförmchen hinein.
- Durch die feinen Häkchen an der Nadelspitze verfilzen die Wollstücke zu einem dichten Wollknäuel.
- Das Ausstechförmchen wird mehrmals umgedreht, so dass das Wollstück von beiden Seiten bearbeitet wird.
- Auch die Wolle am Förmchenrand muss mit der Filznadel gefilzt werden.

Variante für ältere Kinder
Das Wintersternchen bekommt aus roter oder oranger Filzwolle mit der Filznadel noch zusätzlich Augen, Nase, Mund gefilzt, indem man kurze Fä-

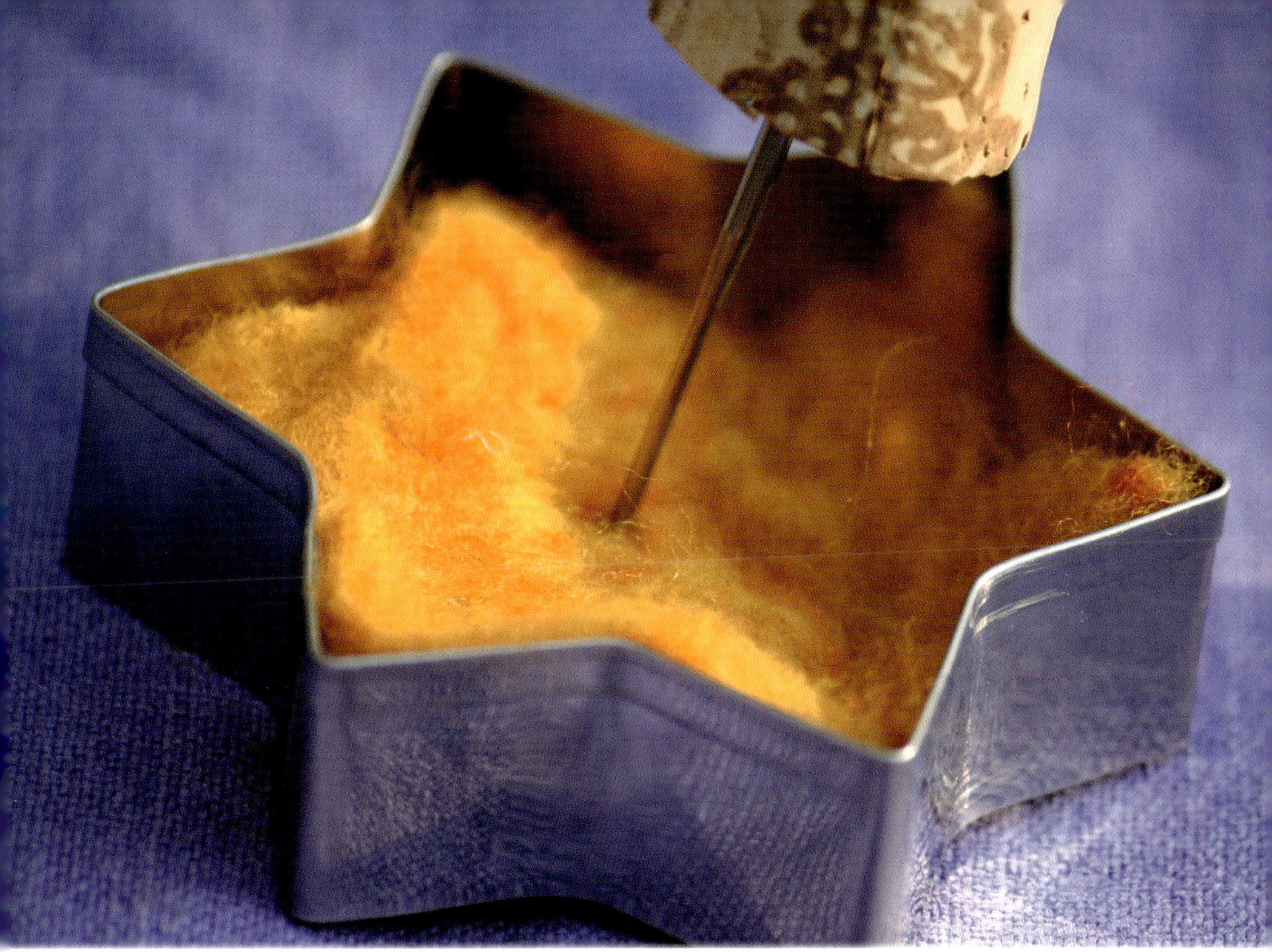

den zu kleinen Knäueln verzwirbelt, auf die gewünschte Stelle legt und vorsichtig mit der Nadel mehrmals hinein sticht.

Achtung

Da die Filznadeln sehr spitz sind, muss die Spielleitung die Kinder, die gerade damit filzen, unbedingt im Blick behalten. Kinder, die beim Filzen abgelenkt sind, sollten lieber eine Pause machen.

Kuschelatmung

Die Spielleitung liest oder erzählt „Das Märchen vom Weihnachtssternchen" (➔ S. 100). Die Kinder stellen sich vor, sie wären der Hirtenjunge, der das Sternchen gefunden hat, um es im folgenden Entspannungsspiel mit einer sanften Bauchatmung in den Schlaf zu wiegen.

Alter: ab 4 Jahre
Ort: drinnen
Material: pro Kind 1 gefilztes Wintersternchen oder 1 gefilzter Mond (➔ S. 100), Matte oder Decke, evtl. Entspannungsmusik

Die Kinder legen sich mit dem Rücken auf eine Matte oder Decke und ihr Sternchen auf den Bauch. Dann beginnen sie die „Kuschelatmung", die sanfte Bauchatmung: Beim Einatmen durch die Nase sammeln sie die eingeatmete Luft im Bauch. Er wölbt sich nach außen und wird größer. Beim Ausatmen fließt die Luft aus dem Körper hinaus, der Bauch senkt sich wieder. Durch die behutsame Bauchbewegung beim Atmen wird das Sternchen sanft auf und ab „geschaukelt“. Der Atem wird immer ruhiger und die Kinder können sich mit ihrem Sternchen auf dem Bauch entspannen.

Hinweise

- Manche Kinder konzentrieren sich so sehr auf die Atmung, dass sie die Luft anhalten. Immer wieder zum Weiteratmen anregen.
- Andere Kinder verwechseln die Ansage und ziehen beim Einatmen den Bauch ein, beim Ausatmen wölben sie ihn nach oben: Die eigenen Hände auf dem Bauch können helfen, den richtigen Atemrhythmus zu finden. Die Spielleitung begleitet diese Kinder, indem sie die Hände der Kinder auf dem Bauch hält und dabei hilft, den Atem im Bauch spürbar zu machen.

Sternchens Himmelsflug

Die Kinder schwingen das Sternchen aus der Geschichte „Das Märchen vom Weihnachtssternchen“ (➜ S. 100) mit einem Schwungtuch zurück zum Sternenhimmel.

Alter: ab 4 Jahre
Ort: drinnen
Material: Bettlaken oder Schwungtuch, 1 gefilztes Sternchen (➜ S. 100)

Einige Kinder halten und schwingen das Tuch, auf dem ein Sternchen liegt. Die übrigen Kinder stehen um das Tuch herum und versuchen das Sternchen

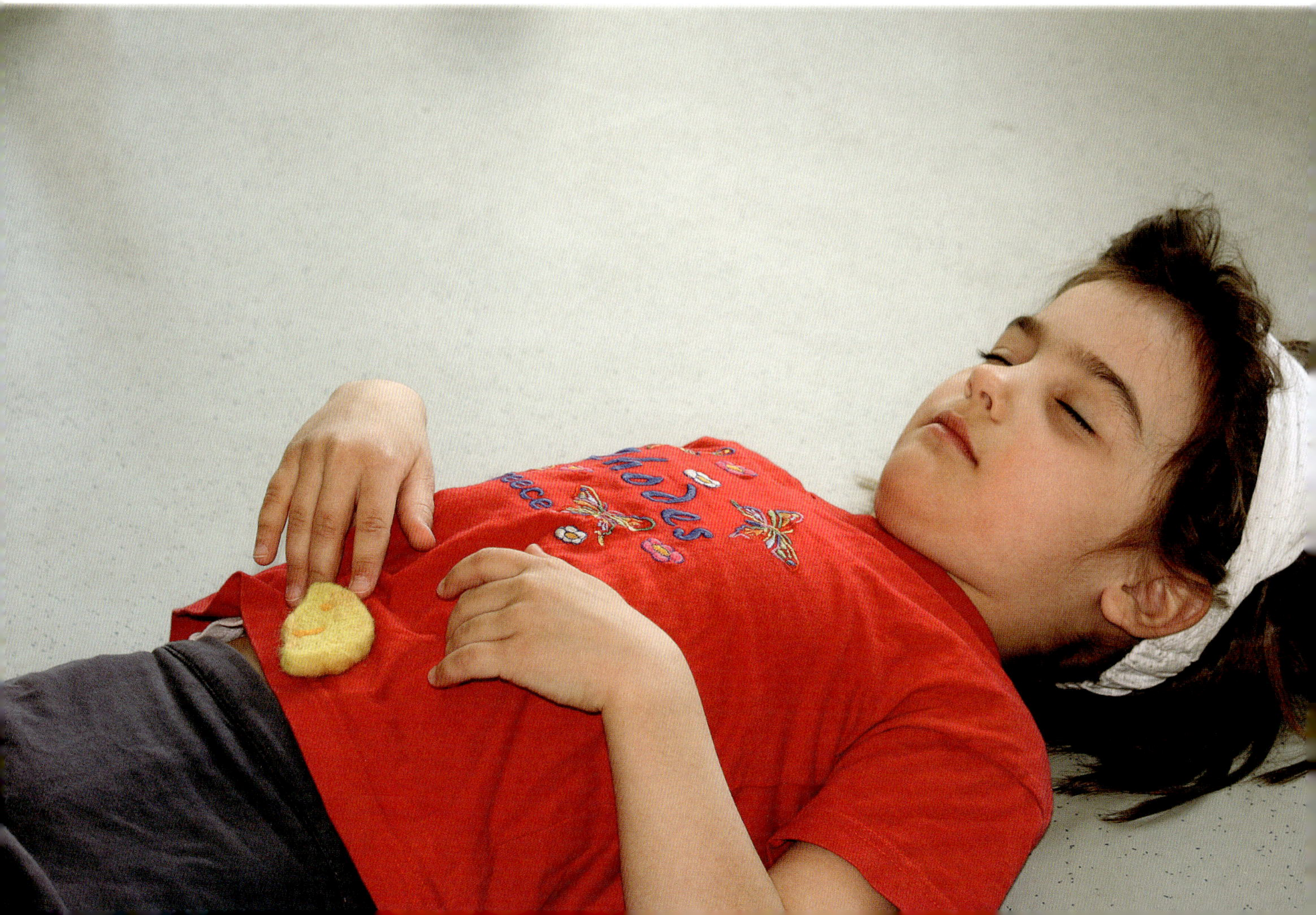

Mia ***übt die Bauchatmung***

aufzufangen, wenn es durch die Luft gewirbelt wird. Wer das Sternchen gefangen hat, darf sich in der nächsten Schwungtuchrunde ausruhen, damit alle Kinder einmal Fänger sind.

Wachssterne

Wachsreste lassen sich gut wiederverwerten. Mit weihnachtlichen Ausstechförmchen entsteht aus dem Wachs ein schönes Basismaterial zum Basteln und Dekorieren.

Alter: ab 5 Jahre
Ort: drinnen
Material: 1 alter Kochtopf, Kochplatte, Wachsreste, 1 altes Backblech, Ausstechförmchen (in Stern-, Mond- oder Tannenform), Zeitungspapier; evtl. Wollfaden, dicke, stumpfe Nadeln, 1 Schere, dünner Basteldraht, Holzperlen, Stumpenkerzen, Tannenzweige

- Die Spielleitung lässt die Wachsreste in einem Topf bei kleiner Hitze schmelzen und gießt sie dann dünn auf das Backblech.
- Sobald das Wachs anfängt, wieder fest zu werden, stechen die Kinder mit den Förmchen Sterne, Monde oder Tannenbäume aus.
- Die Formen legen sie einzeln auf Zeitungspapier, wo sie über Nacht trocknen und hart werden.
- Mit den Wachsplättchen schmücken die Kinder den Tisch oder die Fensterbank.

Varianten

- Die Kinder bohren mit einer Nadel ein Loch in das Wachs, ziehen einen Faden hindurch und hängen die Form an Tannenzweige.
- Im Wechsel mit Holzperlen auf dünnen Basteldraht aufgezogen wird aus den Wachsplättchen dekorativer Schmuck für den Adventskranz oder den Tannenbaum.

- Mit den ausgestochenen Formen schmücken die Kinder dicke Stumpenkerzen, die sie zum Weihnachtsfest verschenken können.

Achtung
Das Wachsschmelzen sollte unbedingt die Spielleitung oder ein anderer Erwachsener übernehmen!

Fingersterne

Ein wildes, lustiges Bewegungsspiel für kalte Tage!

Alter: ab 5 Jahre
Ort: draußen oder drinnen

Die Kinder bewegen sich frei im Außengelände oder im Raum, bis die Spielleitung z. B. ruft: „Stern Nr. 5!“ Dann finden sich blitzschnell Kleingruppen aus fünf Kindern zusammen und bilden mit gespreizten Zeige- und Mittelfingern einen Stern (s. Foto).
In der nächsten Spielrunde ruft die Spielleitung eine andere Zahl und die Kinder tun sich wieder zu kleinen Gruppen zusammen und bilden erneut einen Fingerstern.
Ruft die Spielleitung „Sternenhimmel!“, kommen alle Kinder zusammen und bilden mit ihren Fingern einen Riesenstern.

Schneestern

Einen Stern im Schnee gibt es nicht nur im Märchen: Er kann in den Schnee gedrückt und ausgeschmückt werden.

Alter: ab 3 Jahre
Ort: draußen bei Schnee
Material: Schnee, Zweige, Stöckchen, Herbstblätter, Steinchen

Die Kinder „malen" mit dem Finger einen Stern in den frisch gefallenen Schnee. Den Schnee außerhalb des gemalten Sterns schieben sie vorsichtig beiseite. Dann schmücken sie den Stern mit Naturmaterial wie Stöckchen, Blättern und Steinchen aus der näheren Umgebung.

Stern aus Eis

Das Eis in einer gefrorenen Pfütze lässt sich leicht zersplittern. Wer mit dem Schuh vorsichtig hineintritt, hört es knacken und krachen und es entstehen Eissplitter mit Ecken und Kanten. Daraus lassen sich schöne Sternformen legen und bauen.

Alter: ab 3 Jahre
Ort: draußen bei starkem Frost
Material: Eissplitter aus Eispfützen, evtl. Naturmaterial zum Verzieren

Die Kinder zersplittern das Eis einer gefrorenen Pfütze. Aus den Eissplittern legen sie eine Sternform. Wer mag, kann seinen Eisstern auch mit Naturmaterial schmücken.

Variante
Die Kinder bauen mit den Eissplittern eine Sternform in die Höhe aus verschiedenen Schichten.

Eissterne als Baumschmuck

Bei lang anhaltender Kälte mit frostigen Temperaturen schmücken diese dicken Eissterne Bäume und Sträucher.

Alter: ab 5 Jahre
Ort: draußen bei starkem Frost
Material: Eisstücke, Naturbast oder Kordel; evtl. 1 altes Backblech und Glitzersternchen in verschiedenen Farben

- Die Kinder zersplittern das Eis einer gefrorenen Pfütze. Sie wählen zwei etwa gleichgroße Eisstücke in Dreiecksform aus.
- Ein Dreieck schmelzen sie auf der Oberfläche mit den warmen Fingern etwas an, legen ein Stück Kordel darauf und drücken das zweite Eisstück darauf.
- Sie legen die Sterne einige Stunden zum Festfrieren am besten auf Gras oder in ein Blumenbeet. Vom ebenen Boden oder der Fensterbank bekommt man sie nur schwer wieder los!
- Die fertigen Sterne hängen die Kinder in die winterkahlen Bäume und Sträucher.

Besonders im Sonnenlicht glitzern und funkeln sie sehr weihnachtlich.

Variante
Stellen die Kinder selbst Eisplatten aus Wasser her (dazu Wasser auf ein Backblech gießen und bei eisigen Temperaturen frieren lassen), können sie ins Wasser Glitzersternchen in verschiedenen Farben geben.

Legende vom Rauschgoldengel

Nach einer Legende wurde der erste Rauschgoldengel vor etwa 300 Jahren von einem Mann aus Nürnberg erschaffen. Der Holzschnitzer war sehr traurig, weil seine kleine Tochter Anna gestorben war. Doch eines Nachts erschien sie ihm im Traum als wunderschöner Engel. Sie trug ein langes goldenes Kleid mit plissiertem Rock, eine goldene Engelskrone und hatte Engelsflügel. Von diesem Traumbild geleitet baute der Holzschnitzer am nächsten Morgen seinen Traumengel: Er schnitzte einen Kopf aus Holz und fertigte aus dünn gewalztem Messingblech, dem so genannten „Rauschgold“, Kleid, Flügel und Krone an. Auf dem Nürnberger Christkindlesmarkt gefiel der Rauschgoldengel den Menschen so sehr, dass der Holzschnitzer noch sehr viele davon anfertigte und verkaufte. So bekam die kleine Anna als Rauschgoldengel einen Platz im Herzen vieler Menschen.

Weihnachtsengel – die Himmelsboten

Engelsflügel

Ein Engelsflügel verbreitet geheimnisvolle, weihnachtliche Stimmung.

Alter: ab 3 Jahre
Ort: drinnen
Material: weißes Tonpapier, Schere oder Prickelnadel, weiße Bastelfedern in verschiedenen Größen, Kleber, Stifte, goldenes Bändchen

- Die Spielleitung malt viele Umrisse von Engelsflügeln auf weißes Tonpapier.
- Die Kinder schneiden einen Engelsflügel entweder mit der Schere aus oder prickeln den Umriss mit der Prickelnadel.
- Sie bekleben den Papierflügel mit weißen Bastelfedern von beiden Seiten.
- Die kleinen Federn eher an den äußeren Rand kleben, innen die größeren. Die kleinen Federn sollten über den Rand hinausgehen, so dass das Papier nicht mehr sichtbar ist.

Engel

Als Boten des Himmels und Vermittler zwischen Himmel und Erde kommen Engel in allen Religionen und Kulturen vor. Sie unterliegen nicht den irdischen Gesetzen von Zeit und Raum, sondern verkörpern das Geistige und Unsichtbare als Schutzengel, Friedensengel, Boten der Liebe und Retter der Seele. Engel eröffnen, besonders in der Weihnachtszeit, Kindern und Erwachsenen einen Weg in ihre Fantasien und Träume von einer glückseligen Welt. Das Christkind ist zugleich unsichtbar, wenn es auf zauberhafte Weise die Geschenke bringt, aber auch greifbar in der Gestalt des Jesuskindes in der Krippe. An Weihnachten verbindet sich mit Hilfe der Engel die sichtbare mit der unsichtbaren Welt auf zauberhafte Weise.

- Zum Schluss ein Loch in die obere Flügelmitte drücken und ein goldenes Bändchen zum Aufhängen hindurchziehen.
- Die gebastelten Flügel werden entweder an Zweige gehängt oder sie kommen bei den folgenden Engelspielen zum Einsatz.

War es nur ein Traum?

Die Kinder spielen die „Legende vom Rauschgoldengel" (➜ S. 107), in der dem Holzschnitzer seine verstorbene Tochter Anna im Traum als Engel begegnet.

Alter: ab 3 Jahre
Ort: drinnen
Material: 1 Augenbinde, Engelsflügel (➜ S. 107) oder 1 große weiße Feder, Wäscheklammer

Die Kinder stellen sich in eine Reihe. Ein Kind spielt den träumenden Holzschnitzer und bekommt die Augen verbunden. Einem anderen Kind wird mit einer Wäscheklammer der Engelsflügel oder die Feder am Rücken befestigt. Die Spielleitung führt den Holzschnitzer von Kind zu Kind und er befühlt neugierig den Rücken jedes Kindes.

Sein Traum ist wahr geworden, wenn er den Engel am Flügel ertastet hat. Das Engel-Kind übernimmt die Rolle des träumenden Holzschnitzers, ein anderes Kind wird neuer Engel.

Engelsflügel-Kitzelmassage

Alter: ab 3 Jahre
Ort: drinnen
Material: pro Kind 1 Feder

Die Kinder stellen sich in zwei Reihen einander gegenüber und ganz nah nebeneinander, so dass sie eine enge Gasse bilden. Sie halten alle eine Feder in der Hand. Durch diese Gasse geht ein Kind mit nackten Armen langsam hindurch. Dabei kitzeln bzw. streicheln es die anderen Kinder von beiden Seiten mit ihren Federn an den Armen.

Variante
Die Spielleitung führt das Kind mit geschlossenen Augen durch die Kitzelgasse hindurch. Dabei wird das Spüren noch intensiver.

Chiara genießt die Kitzelmassage

Lina bekommt Weihnachtsbesuch

In der Himmelsbackstube ist die Aufregung groß. Die Engel sind mitten in der Weihnachtsbäckerei. Überall staubt Mehl. Zucker rieselt über Tische und Bänke und kleine Teigsterne und Teigmonde werden auf Backbleche verteilt. Da kommt der Erzengel Gabriel in die Backstube und verkündet: „Meine lieben Engel, es ist mal wieder so weit. Heute ist Heilige Nacht und wir Engel werden, wie jedes Jahr, die Erde besuchen. Lusianna, du wirst nach mir die Himmelsleiter hinabsteigen, dann kommen Angelina, Gabriella, Rosalie, Annabell, Cristallina, Ballerina, Mariella und Bellinda. Immer schön der Reihe nach und bitte nicht drängeln, vergesst das nicht!“ Die Engel werden sehr aufgeregt. Darauf haben sie das ganze Jahr gewartet: den blauen Planeten Erde besuchen, das ist etwas ganz Besonderes. Sie versprechen dem Erzengel Gabriel, ihr Engelshaar zu kämmen und ihre Flügel so blank zu putzen wie die glänzenden Sterne am Himmel. Schnell heizen sie den Himmelsofen ein, bis er rot glüht. Sie backen ihre Mond- und Sternenplätzchen fertig … und der Himmel erstrahlt in leuchtendem Rot.

Lina sitzt am Fenster und schaut in den feurig roten Himmel hinein. „Die Engel backen Plätzchen“, das sagt Mama immer, wenn der Himmel so rot leuchtet. Lina hätte gerne ein großes Fernrohr, um den Engeln bei der Himmelsbäckerei zuzuschauen. Sie stellt es sich dort oben im Himmel so lustig wie im Kindergarten vor, wenn sie zusammen backen, alles voller Zucker und Mehl. Aber nun sind Weihnachtsferien, der Kindergarten ist geschlossen und Lina ist ein wenig traurig, weil sie niemanden zum Spielen hat. Ihre Eltern haben sich mal wieder in der letzten Minute aufgemacht, einen Tannenbaum zu besorgen, und Lina wartet gespannt aufs Christkind.

Emilia klebt einen Stern ans Fenster

Es ist dunkel geworden. Die Mondsichel erscheint am dunkelblauen Nachthimmel, die Sterne funkeln und der Erzengel Gabriel lässt die Himmelsleiter zur Erde hinabgleiten. Er steigt vorneweg, dann klettern Lusianna und die anderen Engel mit zappelnden, blank geputzten Engelsflügeln hinter ihm her. „Ich werde euch jetzt alleine lassen. Ich muss noch zu den Hirten auf den Feldern. Seid vorsichtig, kein Mensch darf wissen, dass ihr Engel seid, und wenn ihr die Himmelslaterne drei Mal blinken seht, ist es Zeit zur Himmelsleiter zurückzukehren." Gabriel fliegt davon und die Engel schauen sich neugierig auf der Erde um …

Lina faltet einen Stern aus goldenem Glanzpapier und klebt ihn ans Fenster. Da sieht sie draußen in einiger Entfernung viele geheimnisvolle Lichtpünktchen aufblitzen. „Das Christkind, da kommt das Christkind", denkt Lina aufgeregt und presst ihre Stirn an die dunkle Fensterscheibe. Doch so sehr sie sich auch anstrengt, Lina kann kein Christkind erkennen. Enttäuscht setzt sie sich wieder an ihren Tisch und schneidet lustlos einen neuen Stern. Ob heute doch noch nicht Weihnachten ist?

Lusianna entdeckt das hell erleuchtete Kinderzimmerfenster zuerst. Sie schwebt ganz nah heran und klettert vorsichtig auf die Fensterbank. Lusianna sieht ein kleines Mädchen am Tisch sitzen. „Kommt, schaut mal, ein Menschenkind", ruft Lusianna ihren Engelfreundinnen zu. Da rutscht sie von der Fensterbank und fällt in den Schnee. Beide Flügel sind mit schwerem Schnee bedeckt. Lusianna zappelt mit ihren Flügeln auf und ab und versucht sich zu befreien. Vergeblich. Schnell eilen Gabriella und Cristallina herbei und helfen Lusianna. Hoffentlich hat sie niemand gesehen!

„Lina, schau, unser Weihnachtsbaum! Ist der nicht schön?", ruft Papa stolz, als er nach Hause kommt. „Ein Supersonderangebot, der letzte Baum, den wir kriegen konnten!" Lina betrachtet dieses pikende krumme Bäumchen von allen Seiten. „Dann ist also endlich Weihnachten?", fragt Lina erleichtert. „Und wie der duftet", schwärmt Mama. Papa klemmt den Tannenbaum in den Ständer und Mama holt Strohsterne und rote Kugeln aus dem Schrank. Lina will einen gebastelten Goldstern aus ihrem Zimmer holen, da blitzt es schon wieder von draußen, diesmal direkt an ihrem Fenster. Lina kann nicht glauben, was ihre Augen sehen: Engel, da fliegen Engel vor ihrem Fenster! Eins, zwei, drei Engel mit weißen Kleidern und glänzenden Flügeln. Lina drückt ihre Nase an der Fensterscheibe platt, bis sie nur noch winzig kleine Lichtpünktchen in der Ferne sieht. Als plötzlich das Glöckchen aus dem Wohnzimmer läutet, läuft Lina aufgeregt ins Wohnzimmer. „Das Christkind und die Engel waren da an meinem Fenster, ich habe sie gesehen." „Und ob das Christkind da war", sagt Papa. „Schau mal, die vielen Geschenke unter dem Weihnachtsbaum!" Lina ist überglücklich, über den Weihnachtsbaum, der so schön strahlt, über die Geschenke, über das Christkind und die Engel, die sie mit eigenen Augen an ihrem Fenster gesehen hat.
Es klingelt an der Haustür. „Das sind bestimmt Oma und Opa!" Lina stürmt zur Haustüre und macht auf. Opa nimmt Lina auf den Arm, wünscht ihr „Fröhliche Weihnachten" und zeigt auf den Schneeengel vor ihrem Fenster. „Den hast du aber schön gemacht, Lina! Ein richtiger Weihnachtsengel ist das geworden." Lina lächelt und flüstert ihrem Opa ihr Weihnachtsgeheimnis ins Ohr: „Das war ich nicht, das war das Christkind, das hat mich besucht."

Regina Bestle-Körfer

Linnea drückt einen Engel in den Schnee

Schnee-Engel

Die Kinder gestalten einen Engel im Schnee wie in der Geschichte „Lina bekommt Weihnachtsbesuch“ (➜ S. 110), die einen Schnee-Engel vor ihrem Fenster entdeckt hat.

Alter: ab 3 Jahre
Ort: draußen bei Schnee
Material: Schnee; evtl. 1 Becher, Wasser, gelbe Lebensmittelfarbe, Sprühflasche

Für einen Engel im Schnee lassen sich die Kinder rückwärts in den Schnee fallen. Nun breiten sie die Arme neben dem Körper aus und drücken sie seitwärts nach oben und unten in den Schnee – das werden die Flügel. Sie grätschen die Beine und drücken sie ebenfalls in kleinen Bewegungen in den Schnee – das wird das Engelskleid. Zum Aufstehen brauchen die Kinder Hilfe, damit der Schnee-Engel unversehrt bleibt.

Variante
Wer mag, kann den Schnee-Engel auch mit gelber Farbe zum Leuchten bringen. Dazu rühren die Kinder in einem Becher gelbe Lebensmittelfarbe mit Wasser an und füllen sie in eine Sprühflasche. Die Kinder können die gelbe Farbe über den gesamten Schnee-Engel spritzen, ihm einen Heiligenschein um den Kopf oder einen gelben Rahmen um den Körper herum spritzen.

Sterne basteln

Alter: ab 4 Jahre
Ort: drinnen
Material: mittelgroße Sternausstechförmchen, Stifte, Ton- und Transparentpapier, Prickelnadel, Schere, Bastelkleber, feste Unterlage zum Prickeln; evtl. 1 Lichterkette

- Jedes Kind wählt ein Ausstechförmchen, umfährt zwei Mal den Umriss mit einem Stift auf farbigem Tonpapier und schneidet beide Sterne aus.
- Mit der Prickelnadel stanzt es das Innere von beiden Sternen aus, so dass noch ein ca. 1 cm breiter Tonpapierrand übrig bleibt (➜ S. 114).

Luna „prickelt“ einen Stern

Emilia klebt Transparentpapier auf

- Das entstandene Loch in der Mitte wird mit Transparentpapier beklebt, dazu den Kleber auf den Tonpapierrand geben und das Transparentpapier darauf gut andrücken, damit es Halt hat. Dann den zweiten Sternrand darüberkleben.
- Die Spielleitung hilft, dass kein Transparentpapier über den Tonpapierrand hinausragt.

Variante für Jüngere

Die Kleinen bekleben einzelne Sterne mit bunten Transparentpapierschnipseln und hängen sie ins Fenster oder klemmen sie an eine Lichterkette. Sie verbreiten ein stimmungsvolles, weihnachtliches Licht.

Engelwirrwarr

Der Erzengel Gabriel aus der Geschichte „Lina bekommt Weihnachtsbesuch“ (➔ S. 110) hat den Engeln im Himmel versprochen, dass sie ihn am Weihnachtsfest auf die Erde begleiten dürfen, jedoch nicht alle auf einmal. Er verteilt die Engelsschar in Farbgruppen.

Alter: ab 4 Jahre
Ort: drinnen
Material: weiße, goldene, silberne, gelbe Papierengel, Decken

Die Spielleitung klebt jedem Kind einen Engel auf den Rücken. Sie verteilt dabei weiße, goldene, silberne und gelbe Engel. Die Kinder wissen nicht, welche Farbe der Engel auf ihrem Rücken hat. Auf ein Startkommando laufen die Kinder los und versuchen durch Fragen herauszufinden, welche Engelfarbe sich auf ihrem Rücken befindet. Mit den Kindern, die dieselbe Farbe haben, finden sie sich zusammen und setzen sich gemeinsam auf eine Decke. Die Gruppe, die zuerst komplett und ruhig auf ihrer Wolkendecke sitzt, gewinnt das Wettspiel.

„Ist das Christkind ein Mann, eine Frau oder ist es Luft?"
(Linnea, 3 Jahre)

Geheime Himmelsbotschaft

Die Engel bringen himmlische Geschenke mit auf die Erde, wahre Traumgeschenke. Niemand hat sie gesehen, aber sie fühlen sich luftig-leicht und himmlisch an.

Alter: ab 4 Jahre
Ort: drinnen
Material: 1 Karton, etwas Weiches (z. B. Federn, Watte, Seidentuch, Softball, Engel aus Märchenwolle)
Vorbereitung: die weichen Gegenstände in den Karton legen und hinter sich stellen

Die Kinder sitzen im Kreis, halten ihre Hände auf den Rücken und schließen die Augen. Die Spielleitung sucht eine Himmelsbotschaft aus dem Karton aus und gibt sie einem Kind hinter dem Rücken in die Hand. Das Kind erfühlt und betastet den Gegenstand und gibt ihn an das Nachbarkind weiter, bis er einmal im Kreis herumgewandert ist. Nach jeder Runde wird das Geheimnis der gefühlten Himmelsbotschaft gemeinsam erraten und dann gezeigt.

Björn ertastet die geheime Himmelsbotschaft

Stegreifspiel: Vom Christkind

Anna Ritter (1865–1921) beschreibt in ihrem Gedicht „Vom Christkind" das Christkind so anschaulich, dass die Kinder es sich bildlich vorstellen können.

Alter: ab 3 Jahre
Ort: drinnen

Die Kinder sprechen das Gedicht vom Christkind gemeinsam und machen dazu die entsprechenden Bewegungen.

Denkt euch, ich habe das Christkind gesehen!	Den Zeigefinger ausstrecken, dann beide Hände an die Stirn über die Augen führen und in die Ferne sehen.
Es kam aus dem Wald, das Mützchen voll Schnee.	Mit den Füßen auf der Stelle gehen, mit beiden Händen eine Mütze über dem Kopf darstellen.
Mit rot gefrorenem Näschen,	Die Nase anfassen,
die kleinen Händchen taten ihm weh.	dann die Hände aneinander reiben.
Denn es trug einen Sack, der war gar schwer, schleppte und polterte hinter ihm her.	Beide Hände an die rechte Schulter führen und so tun, als ob ein schwerer Sack darauf liegt, dabei Gehbewegungen machen.
Was drin war, das möchtet ihr wissen?	Den Zeigefinger auf und ab bewegen.
Ihr Naseweise, ihr Schelmenpack,	Mit den Händen einen Sack formen.
meint ihr, er wäre offen der Sack?	
Zugebunden bis oben hin!	Die Hände nach oben strecken.
Doch war gewiss etwas Schönes drin.	Verträumt in die Luft schauen.
Es roch so nach Äpfeln und Nüssen!	Riechen und Schnuppern.

Das Christkind suchen

Welches Kind möchte das Christkind nicht einmal sehen?

Alter: ab 4 Jahre
Ort: drinnen
Material: 1 Kerze im Glas, 1 Glöckchen
Vorbereitung: in einem abgedunkelten Raum die Kerze im Glas anzünden

Ein Kind spielt das Christkind und versteckt sich mit einem Glöckchen in einem abgedunkelten Raum, der nur vom Licht einer brennenden Kerze erhellt ist. Die anderen Kinder warten vor der Tür. Jeweils ein Kind wird in den Raum hineingeführt. Es lauscht dem Klang des Glöckchens und sucht das versteckte „Christkind". Hat es das Christkind entdeckt, darf es, wenn es möchte, auch einmal das Christkind spielen.

Weihnachten im Wald

Lüttenweihnacht

Hinter „Lüttenweihnacht" verbirgt sich das alte Wort „lützel" (engl. little), das „klein" bedeutet. In der Lüttenweihnacht wurde in früheren Zeiten die Natur, insbesondere Tiere und Pflanzen, in das weihnachtliche Geschehen mit einbezogen. Denn Pflanzen und Tiere sicherten das Überleben der Menschen – vor allem Getreide und Früchte, Milch, Fleisch und Wolle der Tiere. Die Menschen gingen nach der Feier der Christmette in den Garten. Sie klopften an den Stamm der Obstbäume und baten den Baum, im nächsten Jahr wieder reiche Frucht zu tragen. Als Weihnachtsgabe für die Vögel wurden Getreideähren zusammengebunden und aufgestellt. Noch heute legen manche Bauern in den Alpen in der Heiligen Nacht ein Bündel Heu vor das Haus und verfüttern es nach der Christmette an ihre Tiere. Es soll das Vieh vor Krankheiten bewahren. In der Heiligen Nacht, so erzählte man sich, könnten die Tiere auf wundersame Weise mit den Menschen sprechen.

Ein Fest für die Tiere im Wald

Eine „Lüttenweihnacht“(➜ S. 117) unter freiem Himmel bietet Kindern und Erwachsenen eine besonders naturnahe Form winterlichen Brauchtums. Sie eignet sich als Advents- und Weihnachtsfeier.

Alter: ab 4 Jahre
Ort: Wald, Feld, Wiese oder Park

Vorbereitung

- beim zuständigen Forstamt anfragen, ob Winterfutter für die Tiere in den Wald gebracht werden darf; evtl. einen bestimmten Platz im Wald absprechen
- Kristalllichter basteln (➜ unten) und damit eine Lichterspur zum Waldplatz legen
- aus Vogelfutter Baumschmuck gestalten (➜ S. 60)
- Tee oder Kinderpunsch in Thermoskannen füllen, Plätzchen backen

Durchführung: Lichterspur mit Kristalllichtern

Zum Ort, an dem die Lüttenweihnacht stattfinden soll, führt ein Weg, der von vielen zuvor gebastelten Lichtern erhellt ist. In der Dämmerung oder im Dunkel eines Wintertages sind die Lichter stimmungsvolle Wegweiser.

Alter: ab 4 Jahre
Ort: drinnen
Material: leere Marmeladengläser mit großer Öffnung, weißes Faltpapier, Schere, weißes Seiden- oder Transparentpapier, Kleister, Pinsel, weißes Geschenkband oder Naturbast, kleine Tannen- oder Beerenzweige, Teelichter

- Die Kinder falten das weiße Faltpapier mehrmals zu einem Dreieck und schneiden mit der Schere kleine Muster hinein.
- Sie öffnen das Papier und streichen es glatt – das ist ihr Eiskristall.
- Die Gläser werden mit Kleister bestrichen und mit Schnipseln aus Seiden- oder Transparentpapier beklebt.
- Auf die erste Lage Papier wird der kleine Eiskristall geklebt und anschließend mit einer weiteren Lage Papier überklebt.
- Zackige Papierspitzen ragen auch über den Glasrand hinaus.
- Um das Glas wird ein Stück Geschenkband gewickelt und verknotet.
- In den Knoten stecken die Kinder kleine Tannen- oder Beerenzweige.
- Zum Schluss stellen sie ein Teelicht in ihr Eiskristallglas.

Lichtertanz

Material: Kristalllichter (➜ S. 118)

Mit den selbst gestalteten Lichtern in der Hand bilden die Kinder einen großen Kreis. Die Spielleitung zeigt mit der Hand die Richtung an, in die die Kinder sich beim Tanzen bewegen: nach rechts, nach links, zur Kreismitte und wieder nach außen. Zum Schluss bleiben alle Tänzer stehen und halten das leuchtende Licht in die Höhe.

Ein selbst gebauter Weihnachtsbaum

Nicht an jedem Ort im Wald wachsen kleine Nadelbäume, die sich für die „Lüttenweihnacht" (➜ S. 117) eignen. Doch es muss nicht unbedingt ein echter Weihnachtsbaum sein. Mit wenig Aufwand entsteht unter Mithilfe der Erwachsenen aus Ästen und Tannengrün ein ganz besonderer Weihnachtsbaum.

Niclas und Philip mit Kristalllichtern

Material: 4 ungefähr gleich lange gerade Äste, Bindedraht, Kneifzange, kleine grüne Nadelzweige

- Drei der Äste eine Handbreit über dem Ende mit Bindedraht fest zusammenbinden.
- Das Grundgerüst auf einen ebenen Untergrund stellen.
- Den vierten Ast waagerecht über die Bindestelle schieben und ausbalancieren.
- Diesen Ast können die Kinder später mit ihren Weihnachtsgaben für die Tiere schmücken.

Tierspuren verfolgen

Im Winterwald, ganz besonders, wenn es geschneit hat, findet man auf dem Boden viele verschiedene Tierspuren.

Material: evtl. Tierspurenbestimmungsbuch

Die Kinder halten Ausschau nach Tierspuren (➜ S. 69) und folgen ihnen. Wohin führen sie? Mit der Spielleitung und den Eltern versuchen sie zu bestimmen, von welchen Tieren sie stammen.

Bescherung

Höhepunkt der Lüttenweihnacht ist die Bescherung für die Waldtiere.

Material: selbst gestaltete Futtergeschenke (➜ S. 60), Möhren, Heu, Apfelstücke

Die Kinder sprechen gemeinsam das „Weihnachtswunschgedicht" (➜ S. 120) für die Tiere im Wald. Anschließend schmücken sie nacheinander den Weihnachtsbaum mit den selbst gestalteten Futtergeschenken, z. B. mit Futterzapfen. Unter dem Baum legen sie Heu, Möhren und Apfelstücke aus.

Weihnachtswunschgedicht

Liebe Tiere klein und groß,
heute ist im Wald was los.
Haben etwas mitgebracht
in den Wald zur Heil'gen Nacht.
Heute woll'n wir an euch denken,
wollen euch was Gutes schenken:
Alle diese Weihnachtsgaben
sollt ihr Tiere von uns haben.
Annemarie Stollenwerk

Zum Abschluss der Lüttenweihnacht singen alle miteinander Weihnachtslieder. Daran schließt sich ein kleines Picknick mit heißem Tee, Punsch und Plätzchen an.

Anhang
Register

Gedichte, Geschichten und Rätsel

Landartaktionen

Sachtexte

Kreatives Gestalten

Literatur

Winter und Weihnachten

- Becker-Huberti, Manfred: Lexikon der Feste und Bräuche, Herder 3. Auflage 2007
- Emmet, Jonathan: Was glitzert da im Schnee? Betz 2011
- Janssen, Sonja/Alberts, Julia: Sternenstaub und Lichterglanz, Ökotopia 2009
- Kappl/Bertle: Erlebnis Winter, Ziel 2008
- Ott-Heidmann, Eva-Maria: Winter, Urachhaus 2010
- Pietratus, Ute: Natur erleben im Winter, Kosmos 2011
- Ritz, Ruth/Gaudenheimer, Barbara: Wundergute Kinderwinter, Wißner 2009
- Rögner-Schneider, Mirjam: Entspannt durch den Winter, Ökotopia 2011
- Vahle, Fredrik: WinterwunderWeihnachtswald, Patmos 2005
- van Saarn, Anita: Tiere im Winter, Moses 2006
- Wagener, Klaus: 222 Ideen für Advent und Weihnachten, Ulmer 2. Auflage 2010

Natur und Kreativität

- Bestle-Körfer, Regina/Stollenwerk, Annemarie: Sinneswerkstatt Farben der Natur, Ökotopia 2011
- Bestle-Körfer, Regina/Stollenwerk, Annemarie: Sinneswerkstatt Landart, Ökotopia 3. Auflage 2010
- Bestle-Körfer, Regina/Stollenwerk, Annemarie: Das Kindergarten-Jahreszeitenbuch, Herder 2. Auflage 2011
- Bestle-Körfer, Regina/Stollenwerk, Annemarie: Komm, wir gehen raus, Kösel 2010
- Bestle-Körfer, Regina/Stollenwerk, Annemarie: Komm, wir entdecken die Welt, Kösel 2012
- Geitmann, Björn: Waldwerkeln und Waldgeschichten, Verlag an der Ruhr 2007
- Güthler, Andreas/Lacher, Kathrin: Erlebniswerkstatt Landart, AT 2011
- Güthler, Andreas/Lacher, Kathrin: Naturwerkstatt Landart, AT 3. Auflage 2010
- Hemming, Antje: Sternstunden im Wald, Ökotopia 2011
- Jung, Heike: Kinder lernen Waldtiere kennen, Verlag an der Ruhr 2007

- Pareigis, Johanna: Anleitungen zum Forschersein, das Netz 2009
- Schäfer, Siegfried u. a.: Natur als Werkstatt, das Netz 2008
- Singer, Detlef: Vogeltreffpunkt Futterhaus, Kosmos 2007
- Straaß, Veronika: Mit Kindern die Natur entdecken, BLV 2011

Die Autorinnen

Annemarie Stollenwerk, geb. 1961, Sozialpädagogin und Autorin, lebt mit ihrer Familie in Mülheim an der Ruhr. Für den Verein NaturAktiv e. V. in Duisburg veranstaltet sie Aktionstage und Projekte in der Natur- und Waldpädagogik für Kinder, Jugendliche, Familien, Lehrer und pädagogische Fachkräfte. Mit viel Gestaltungsfreude leitet sie Workshops zu den Themen Landart und Naturfotografie.

Regina Bestle-Körfer, geb. 1963, Diplom-Sozialpädagogin und Autorin, lebt mit ihrer Familie in Grevenbroich. Sie arbeitet in einer Beratungsstelle zur Förderung von Kindern und Jugendlichen aus Zuwandererfamilien im Bereich Elementarerziehung. Die Förderung der sprachlichen Bildung durch Literacy-Erziehung und Yoga für Kinder sind ihr eine Herzensangelegenheit.

Die beiden Autorinnen schreiben seit über 20 Jahren gemeinsam Bücher. Im Ökotopia Verlag sind bereits die erfolgreichen Bände „Sinneswerkstatt Landart“ und „Sinneswerkstatt Farben der Natur“ erschienen.

www.oekotopia-verlag.de

Ökotopia im Internet:
Alle Bücher und CDs finden Sie in unserem Online-Webshop

Exklusiv nur bei Ökotopia:
Lese- und Hörproben, kostenlose Liedertext-Datenbank, Schnäppchen, Veranstaltungstermine, Informationen zu den Ökotopia-AutorInnen …

Bleiben Sie mit uns in Verbindung

Fordern Sie unseren kostenlosen Magalog an:

Ökotopia Verlag
Hafenweg 26a · D-48155 Münster
Tel.: (02 51) 48 19 80 · Fax: 4 81 98 29
E-Mail: info@oekotopia-verlag.de

Sinneswerkstatt

Regina Bestle-Körfer · Annemarie Stollenwerk

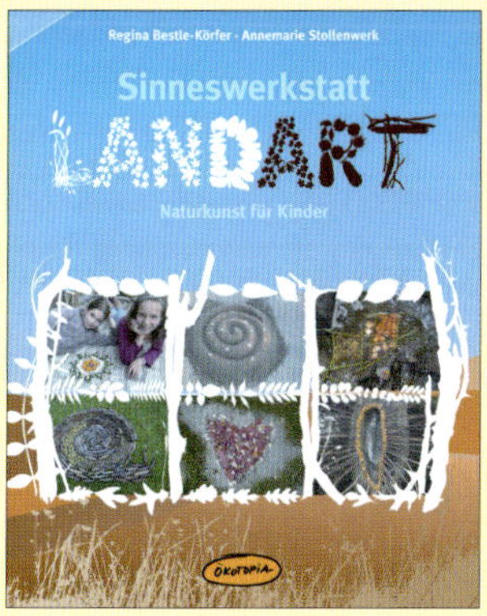

Sinneswerkstatt Landart

Naturkunst für Kinder

Spannender und sinnlicher kann Naturerfahrung nicht sein!

Die „Sinneswerkstatt Landart" eröffnet Kindern wie Erwachsenen eine sinnlich-kreative Form der Naturerfahrung. „Landart", in den 70er Jahren in Europa durch Andy Goldsworthy verbreitet, stellt eine „Natur-Kunst" dar, die sich von der Formen-, Farben- und Materialvielfalt in der Natur inspirieren lässt.

Fantasievolle Spiele, Gestaltungsaktionen, Gedichte und Geschichten sowie spannende Sachinfos führen Kinder und PädagogInnen mitten in die Natur. Sie werden zu Sachensuchern in der „Sehschule", forschen nach Tierformen oder Gesichtern in Baumrinden und Wurzeln und gestalten aus Linien, Spiralen, Kreisen oder Herzen spielerisch-kreative Naturkunst. Aus Naturmaterialien entstehen Blütenschreibereien, Steinmonumente, Sandspiralen, Riesenmandalas u.v.m. Ausdrucksstarke vierfarbige Fotos zeigen die Natur aus ungewohnten Blickwinkeln und dokumentieren die Gestaltungsfreude und Ästhetik von Landart-Aktionen mit Kindern.

Wichtigste Hilfsmittel: wache Augen und offene Ohren, bewegungsfreudige Füße und erlebnishungrige Hände!

ISBN 978-3-86702-074-9

Sinneswerkstatt Farben der Natur

Kinder entdecken spielerisch die Farbenvielfalt der Natur

Faszinierende Fotos und gefühlvolle Aktionen

Bunte Wiesen, grüne Wälder, blaues Meer, farbenprächtige Pflanzen und Tiere, braune Erde, gelber Sand, weißer Schnee, Himmelserscheinungen in leuchtenden Farben – die Natur bietet eine reiche Palette an Farbeindrücken, mal zart und unaufdringlich, dann wieder grell und intensiv.

Mit Entdeckerfreude und Forschergeist machen sich Kinder auf eine aufregende Reise in die Farben in der Natur. Sie erforschen ihre Entstehung, begreifen die Zusammenhänge des Farbensehens und gehen spannenden Fragen spielerisch auf den Grund: Wieso sehen wir einen Regenbogen? Welche Farben hat das Wasser? Warum sind manche Pflanzen und Tiere besonders auffällig gefärbt? … Zahlreiche Spiele und kreative Anregungen lassen die Farben der Natur in schöpferischen Aktionen lebendig werden. Gedichte, Geschichten und hilfreiche Sachinformationen ergänzen und vertiefen das Thema. Ausdrucksstarke Farbfotos zeigen die Leuchtkraft und Ästhetik der Naturfarben und machen das Buch zu einem wahren Augenschmaus.

Dem hohen Aufforderungscharakter werden sich Kinder wie Erwachsene kaum entziehen können – und wollen!

ISBN 978-3-86702-141-8

Umwelt spielend begreifen
aus dem Ökotopia Verlag
Hafenweg 26a · D-48155 Münster

A. u. B. Neumann

Wasserfühlungen

Das ganze Jahr Naturerlebnisse an Bach und Tümpel – Naturführungen, Aktivitäten und Geschichtenbuch

Ein Handbuch für Naturwahrnehmungen an Kleinstgewässern mit Experimenten, Rezepten, Geschichten und spannenden Informationen zur Biologie und Mythologie von Pflanzen und Tieren. Für jede Jahreszeit werden verschiedene Spiele und Wahrnehmungsübungen vorgestellt.

ISBN 978-3-936286-13-7

Leonore Geißelbrecht-Taferner

Die Gemüse-Detektive

Bohne & Co auf der Spur – mit vielfältigen Experimenten, Spielen, Bastelaktionen, Geschichten und Rezepten durch das Jahr

Bastelnd, spielend und experimentierend erleben Kinder einen etwas anderen Zugang zu Gemüse. Gemüse - ein Naturmaterial, das nicht nur den Stoffwechsel, sondern auch die Fantasie anregt!

ISBN 978-3-86702-015-2

A. u. B. Neumann

Wiesenfühlungen

Das ganze Jahr die Wiese erleben Naturführungen, Wahrnehmungsspiele und Geschichtenbuch

Wiesen sind Orte verschiendenster Geräusche, Gerüche, Farben und auch Gaumenfreuden, die nicht nur unseren Huftieren und Hasen schmecken. Unsere Wiesen sind aber auch Abenteuer- und Spielplätze, Orte der Ruhe und des Sonnenbadens, ein Zauberland, eine Universität und ein Garten.

ISBN 978-3-931902-89-6

Leonore Geißelbrecht-Taferner

Die Garten-Detektive

Mit vielfältigen Experimenten, Spielen, Bastelaktionen, Geschichten und Rezepten den blühenden Frühjahrsboten auf der Spur

Mit Lupe und detektivischer Spürnase begeben sich Kinder auf die Suche nach Frühjahrsblühern im eigenen Garten und in Feld, Wald und Wiese. Ob Veilchen, Gänseblümchen oder Löwenzahn – alle Pflanzen haben ihre eigenen Besonderheiten und Fähigkeiten, die es zu entdecken gilt.

ISBN 978-3-936286-58-8

A. u. B. Neumann

Waldfühlungen

Das ganze Jahr den Wald erleben – Naturführungen, Aktivitäten und Geschichtenfibel

Der Wald ist ein Abenteuer – ein Spielplatz, ein Zauberland, eine Universität und ein Garten. Die Bäume erzählen uns Geschichten, die in Sagen, Märchen und Gedichten weitergegeben werden. Aber auch andere Waldbewohner bieten Interessantes und Erstaunliches.

ISBN 978-3-931902-42-1

Leonore Geißelbrecht-Taferner

Die Kräuter-Detektive

Von Brennnessel bis Zitronenmelisse den Kinderkräutern auf der Spur – mit vielfältigen Experimenten, Spielen, Bastelaktionen, Geschichten und Rezepten durch das Jahr

Mit allen Sinnen entdecken Kinder die Besonderheiten von Schnittlauch und Nesseln, Petersilie und Wegerich, Malve und Johanniskraut. Ob als Duftwasser, Pflaster oder Bastelobjekt – jedes (Un-)Kraut findet eine fantasievolle Verwendung.

ISBN 978-3-86702-079-4

K. Saudhoff, B. Stumpf

Mit Kindern in den Wald

Wald-Erlebnis-Handbuch Planung, Organisation und Gestaltung

Es ist den Autorinnen gelungen, aus ihren vielfältigen Erfahrungen in Projekten mit Kinder-Gruppen ein echtes Wald-Erlebnis-Handbuch zusammenzustellen, das von der Planung, Organistion bis hin zur Durchführung zahlreiche Anregungen und Hilfestellungen gibt.

ISBN 978-3-931902-25-4

B. Hesebeck, G. Lilitakis, S. Schulz, D. Gouder

Mit Robin Hood in den Wald

Waldabenteuer für Kinder: Naturerlebnisse, Tobe- und Geländespiele, Bastelaktionen mit Naturmaterialien, Infos über Pflanzen und Tiere und Geschichten von Robin Hood und seinen Gefolgsleuten

Gelungene Aktionen, spannendes Hintergrundwissen und Checklisten bieten optimale Anregungen für die praktische Arbeit.

ISBN: 978-3-936286-10-6